kritik & *utopie* ist die politische Edition im mandelbaum *verlag*.
Darin finden sich theoretische Entwürfe ebenso wie Reflexionen aktueller sozialer Bewegungen, Originalausgaben und auch Übersetzungen fremdsprachiger Texte, populäre Sachbücher sowie akademische und außeruniversitäre wissenschaftliche Arbeiten.

Nähere Informationen:
www.kritikundutopie.net

Bettina Haidinger, Käthe Knittler

FEMINISTISCHE ÖKONOMIE

INTRO. Eine Einführung

mandelbaum *kritik & utopie*

3., überarbeitete Auflage

Lektorat: Elvira Gross
Satz & Umschlaggestaltung: Michael Baiculescu
Druck: Primerate, Budapest

Inhalt

Dank an

Lisa Sigl, Lisa Bolyos, Alexis Mundt, Stefan Probst, Martin Birkner, Lina Klymenko, Simon Pohn-Weidinger, Heidi Niederkofler, Fanny Müller-Uri, Sandra Gendera, Karin Schönpflug, Alyssa Schneebaum, Christa Schlager, Mascha Madörin und Rudi.

Was ist feministische Ökonomie?

Über strategisches Schweigen, blinde Flecken und Utopien

Stumm, taub und blind war und ist die traditionelle Wirtschaftswissenschaft gegenüber dem Geschlechterverhältnis. Das Schweigen über Geschlechterverhältnisse in der Ökonomie wurde von feministischen Ökonominnen als *strategisches* ausgewiesen, mit dem Macht- und Ausbeutungsstrukturen in von Frauen dominierten und theoretisch vernachlässigten Bereichen bewusst verdeckt werden. *Blinde Flecken der Ökonomie* ist eine häufig gebrauchte Formel zur Beschreibung des Untersuchungsgegenstandes der Feministischen Ökonomie. Ergründet werden sollen hiermit all jene von der traditionellen Wirtschaftswissenschaft ausgeblendeten Bereiche ökonomischer Zusammenhänge: Es geht darum, den unbezahlten Teil der Ökonomie – sei es in Form von Haus- oder Subsistenzarbeit – sichtbar zu machen und als wesentlichen Wertschöpfungsprozess zu behandeln; die spezifische Situation von Frauen am Arbeitsmarkt als Arbeitnehmerinnen oder Unternehmerinnen ins Blickfeld zu bekommen; und die Ignoranz von Geschlechterverhältnissen in ökonomischen Prozessen der Produktion, Verteilung, Konsumtion, Investition oder Reproduktion aufzudecken.

Vielfältige Ausrichtungen und kontroverse Debatten kennzeichnen die Feministische Ökonomie[1]. Denn sie tritt mit unterschiedlichen Projekten und Aspirationen an: Sie übt Kritik an vorherrschenden Wirtschaftstheorien; sie vertieft wirtschaftstheo-

1 Einen Überblick in deutscher Sprache bieten Hoppe 2002 oder Bauhardt/Çaglar (2010).

retische Auseinandersetzungen um das Geschlechterverhältnis und erweitert damit das Feld der Ökonomie selbst; sie analysiert und kritisiert wirtschaftliche Verhältnisse; und last but not least geht es ihr um grundlegende Kritik am Kapitalismus sowie um den „Umsturz der Gesellschaft“ (Dalla Costa).

Die Vielfältigkeit betrifft auch das den Analysen und Praktiken zugrunde liegende Verständnis von Feminismus und die Frage, welcher ökonomischen Schule sich feministische Ökonominnen zuordnen. Sie analysieren Geschlechterverhältnisse aus einer differenz- oder gleichheitsfeministischen Perspektive, aus dem Blickwinkel der *queer theory* oder einem materialistischen Blickwinkel. Feministische Ökonominnen sind beispielsweise Marxistinnen, Keynesianerinnen/Post-Keynesianierinnen oder Neoklassikerinnen. Sie beschäftigen sich mit Ökonomie auf einer mikro- oder makroökonomischen Analyseebene. In dieser Variabilität gibt es die unterschiedlichsten Kombinationsmöglichkeiten. Selbstverständlich bezeichnen sich auch nicht alle Frauen, die als Ökonominnen tätig sind, als Feministinnen oder feministische Ökonominnen, auch wenn sie an der genaueren Betrachtung von geschlechtsspezifischer Diskriminierung oder ökonomischen Zusammenhängen aus einem geschlechtsspezifischen Blickwinkel interessiert sind.

Wo sind die feministischen Ökonominnen (geblieben)?

Entstanden ist die feministische Ökonomie aus der Frauenbewegung der 1970er-Jahre, in der sich Debatten und Aktionen um die Bewertung von Arbeit, um die Unterwerfung von Frauen in der Haushaltsökonomie, um die Zuweisung bestimmter Tätigkeiten an Frauen zuspitzten. Mit dem Rückenwind der Bewegung wurden Themen der Arbeits-, Produktions- und Haushaltsgestaltung öffentlich und aus einem feministischen Blickwinkel verhandelt, und es wurde gegen Diskriminierung, Ausbeutung und Unterdrückung angekämpft. Eine Auseinandersetzung, die bis heute andauert und schon lange vorher begonnen hat: Die Feministische Ökonomie hat Wurzeln, die bis ins frühe 19. Jahrhundert reichen und vereinzelt sicherlich noch weiter zurück. Schon damals legten die Pionierinnen der Feministischen Ökonomie den Finger auf Problematiken des Geschlechterverhältnisses in der Ökonomie.

Das strategische Schweigen betraf nicht nur den Inhalt der Wirtschaftswissenschaften, sondern auch und in besonderem Maße die erste Generation von Frauen, die sich mit der Geschlechterfrage in der Nationalökonomie auseinandersetzten. Manche der Werke der im 19. Jahrhundert aktiven Ökonominnen erschienen unter Pseudonymen oder unter den Namen ihrer Ehemänner; manchmal wurde ihr Beitrag zu gemeinsamen Publikationen über lange Zeit ignoriert oder verschwiegen wie im Fall von Harriet Taylor Mill. Die Theoriegeschichte der Ökonomie in den aktuellen Lehrbüchern der Volkswirtschaftslehre kennt die Namen der Ökonominnen nicht; ihre Beiträge verschwanden im Laufe der männerzentrierten Geschichtsschreibung. Das mag auch mit ihren Arbeitsschwerpunkten und dem Fokus ihrer Forschung und Publikationstätigkeit zu tun gehabt haben: Viele Frauen arbeiteten an der Schnittstelle zwischen Politik und ökonomischen Theorien wie etwa Emmy Freundlich, Adelheid Popp oder Käthe Leichter, die im Kontext der Gewerkschafts- und ArbeiterInnenbewegung und der Ersten Frauenbewegung aktiv waren. Jane Marcet oder Harriet Martineau machten Fragen der Ökonomie mithilfe fiktionaler Darstellungen oder populärwissenschaftlicher Abhandlungen zugänglich. Schließlich waren der Nationalsozialismus und Faschismus auch für die Disziplin der Ökonomie eine Zäsur: Viele aufstrebende Wissenschafterinnen etwa rund um die Österreichische Schule der Nationalökonomie oder des Austromarxismus wurden als Jüdinnen und/oder aufgrund ihrer politischen Einstellung im Austrofaschismus und Nationalsozialismus vertrieben und ermordet. Die Rezeption ihrer wissenschaftlichen Ideen in Österreich wurde doppelt ausgelöscht: Als Frauen standen sie im Schatten einer männlich dominierten Disziplin und als Jüdinnen waren sie im Post-Nationalsozialismus unerwünscht.

Institutionalisierung der feministischen Ökonomie – ein Erfolg?

Nach rund 100 Jahren Frauenstudium gibt es mittlerweile bei vielen Studienfächern mehr Absolventinnen als Absolventen. Die Volkswirtschaft zählt zu jenen universitären Disziplinen, in denen der Männeranteil nach wie vor überwiegt und die gläserne Decke nur langsam brüchig wird: je höher die Position umso niedriger der Frauenanteil. Exemplarisch seien die Verhältnisse an der Wirtschaftsuniversität Wien (WU-Wien), einer der größten Wirtschaftsuniversitäten im deutschsprachigem Raum, erläutert: Dort ist rund jede zweite Absolvierende eine Frau. Der Anteil des weiblichen wissenschaftlichen Personals liegt mit 43 Prozent etwas niedriger, unter den Professuren ist er mit 22 Prozent in etwa halb so hoch. Im Zeitvergleich gibt es aber doch Fortschritte: 2005 lag der Anteil noch bei 11 Prozent. Werden ausschließlich die volkswirtschaftlichen Departements auf der WU-Wien betrachtet, sind hier Frauen deutlich seltener vertreten. Unter dem wissenschaftlichen Personal ist rund jede dritte Person weiblich und von den Professuren entfällt rund jede zehnte auf eine Frau (Lydtin, 2015). Soviel zum Headcounting von Ökonomen und Ökonominnen auf Universitäten. Wesentlich schwieriger als das Zählen von Köpfen nach dem Geschlecht ist ein Befund darüber, wie die Lehrinhalte gestaltet sind. Jedenfalls stehen diese in keinem direkten Zusammenhang mit den Frauen- und Männeranteilen am Lehrpersonal. In wie vielen der Lehrveranstaltungen werden feministische und geschlechterkritische Inhalte vermittelt? Wie viele Lehrveranstaltungen zur Feministischen Ökonomie gibt es? Hierzu fehlen uns die Zahlen, aber nicht die Worte: Ein Blick in die Vorlesungsverzeichnisse verdeutlicht, dass der Zustand traurig ist.

Um diesem Umstand Abhilfe zu schaffen, wurde beispielsweise im Jahr 1991 die IAFFE[2] (International Association for Feminist Economics – Internationale Vereinigung Feministischer Ökonomie) gegründet (Kuiper/Sap 1995). Seit 1994 erscheint die Zeitschrift *Feminist Economics.* Neben Austausch und Vernetzung setzt sich die IAFFE zum Ziel, das Forschungsfeld der Feministischen Ökonomie in einem stark männlich geprägten Umfeld durchzusetzen und Publikationsmöglichkeiten (die „Währung" für wissenschaftliche Karrieren) für Themen, die von anderen Zeitschriften abgelehnt werden, zu schaffen.

Zum Stand der Feministische Ökonomie heute

Die Feministische Ökonomie umfasst inhaltlich ein breites Themenspektrum, ist aber im Kanon der ökonomischen Theorien nach wie vor marginalisiert. Die Anzahl der Publikationen hält sich in einem überschaubaren Rahmen, ist im englischsprachigen Raum allerdings umfangreicher als im deutschsprachigen. Ihr Bereich erstreckt sich von Formeln mit großem I – damit ist die Weiterentwicklung mathematischer Modelle etwa im Rahmen der Neoklassik gemeint – über Auseinandersetzungen mit der Care-Ökonomie, die Rolle von Macht- und Beziehungsverhältnissen zwischen Personen verschiedener Geschlechter für die Ressourcenallokation in Haushalten, bis hin zu Ansätzen in der Makroökonomie und Außenwirtschaftslehre. Letztere beschäftigen sich in jüngster Zeit mit den Auswirkungen von Veränderungen makroökonomischer Größen wie Inflation, Währungsaufwertungen und -abwertungen oder Zahlungsbilanzströmen auf das Geschlechterverhältnis. Die queer-feministische Ökonomie ist ein Strang der feministischen Ökonomie, die die Zweiteilung der Geschlechterordnung in Männer und Frauen als Referenzpunkt für ökonomische Analysen und Utopien ablehnt bzw. darüber hinausgehen

2 http://www.iaffe.org/

will. Sie untersucht, wie Geschlechterverhältnisse *und* Sexualität als Macht- und Herrschaftsverhältnisse mit Kapitalismus verknüpft sind.

Neben diesen neuen thematischen Eroberungen können aber auch „Klassiker" konkreter Themenfelder feministischer Ökonomie benannt werden. Dazu zählen unter anderen:

- die Arbeitsbewertung rund um bezahlte und unbezahlte Arbeit;
- die Arbeitsmarktforschung mit den Teilgebieten der geschlechtsspezifischen Diskriminierung und aufgrund sexueller Orientierung, der horizontalen und vertikalen Segregation, die Entwicklung der Frauenerwerbstätigkeit über die Zeit, über den Lebenszyklus und im internationalen Vergleich;
- Wohlfahrtsstaatsanalysen und Vergleiche von Wohlfahrtssystemen;
- historische Beiträge von Frauen zur Theorieproduktion sowie die wissenschaftstheoretisch-feministische Auseinandersetzung mit Ökonomie;
- die Rolle von Frauen im Wirtschafts- und Arbeitsleben vergangener Epochen;
- Debatten um den adäquaten Einsatz von quantitativen und qualitativen Forschungsmethoden aus feministischer Sichtweise;
- Zu den bekanntesten Ansätzen bzw. Instrumenten gehört wohl das *Gender Budgeting* – ein Analyseinstrumentarium zur geschlechtergerechten Evaluierung von öffentlichen Budgetprozessen.

Überblick

Schließlich kommen wir in dieser Einleitung zu einer kurzen Vorschau auf das Buch *Feministische Ökonomie. Eine Einführung.* Klar ist, dass wir nicht alles, was die Feministische Ökonomie ausmacht, abdecken können (aus Platzgründen) und abdecken wollen (aus inhaltlichen, interessengelagerten Gründen). Das Buch soll eine Einführung in den Themenkomplex der Feministischen Ökonomie liefern und dabei genau die unserer Ansicht nach zentralen Botschaften derselben vermitteln: geschlechterkritisch, parteiisch und aus dem Leben gegriffen wollen wir in den neun Kapiteln Themen der Feministischen Ökonomie aufarbeiten. Diese spannen sich als roter Faden und quer zu den einzelnen Kapiteln durch das Buch:

Arbeitsmarkt und Erwerbsarbeit waren und sind zentrale Themenbereiche der feministischen Ökonomie. Wir werden uns auf eine historische Spurensuche nach denjenigen Ökonominnen auf-
machen, die als Erste über Erwerbsarbeit und Arbeitsmarktpartizipation von Frauen geforscht haben (Kapitel *Wo sind die Ökonominnen? Ein Streifzug durch die Geschichte der Politischen Ökonomie*). Arbeitsmarkt und Erwerbsarbeit sind bis heute die sicherlich am besten auch quantitativ erforschten Bereiche der feministischen Ökonomie. Das Kapitel *Die Welt der Zahlen: Make gender visible* wird sich deshalb mit den Berechnungsmöglichkeiten und Kennzahlen des Arbeitsmarktes aus einer geschlechterkritischen Perspektive auseinandersetzen. Die Arbeitsmarktpartizipation von Frauen, deren unterschiedlicher Background eine weitere Möglichkeit der Differenzierung ergibt, ist auch für mikro- und makroökonomische Fragestellungen und wirtschaftspolitische Konzepte von Bedeutung: Warum und wo arbeiten Frauen (nicht)? Welche Rolle spielt der öffentliche Sektor für die Erwerbsbeteiligung von Frauen? Welche Auswirkungen haben neoliberale wirtschaftspolitische Rezepte für die Positionierung von Frauen am Arbeitsmarkt? Diese Fragestellungen werden in den Kapiteln *Nutzen! Optimieren! Der homo oeconomicus und sein Erbe, Care-Arbeit und Reproduktion* sowie *Makroökonomie und Geschlechterverhältnisse* behandelt.

Die *Prekarisierung* von Erwerbsarbeitsverhältnissen, aber auch von Lebensbedingungen, wird ebenfalls aus verschiedenen Perspektiven analysiert. Wir werfen einen Blick darauf, wie Prekarisierung statistisch erfasst werden kann und an Zählbarkeitsgrenzen stößt (*Die Welt der Zahlen: Make gender visible*). Wir setzen uns mit der zunehmenden Vermarktung von Care-Arbeit auseinander und zeigen verschiedene Dimensionen der Prekarisierung von Arbeitsverhältnissen in der Care-Ökonomie auf (*Care-Arbeit und soziale Reproduktion*).

Die Dauerbrenner *Haus- und Reproduktionsarbeit* und *unbezahlte Arbeit* begleiten uns durch alle Kapitel des vorliegenden

Buches: Wir werden der Hausarbeitsdebatte historisch nachgehen (*Feministische Marxismuskritik: Die Hausarbeitsdebatte*). Wir werden die unbezahlte Hausarbeit als Blindstelle verschiedener ökonomischer Theorien markieren und als Anwendungsgebiet der Makroökonomie, die sich mit der Bewertung unbezahlter Hausarbeit im Rahmen der Volkswirtschaftlichen Gesamtrechnung auseinandersetzt, beschreiben sowie den Prozess ihrer Kommodifizierung nachzeichnen. Schließlich werden im letzten Kapitel *Schluss mit Utopien* alternative Formen der Bewältigung von Reproduktionsarbeit diskutieren.

Geschlecht und Geschlechterverhältnisse werden auf *verschiedenen Analyseebenen* der Ökonomie und vor dem Hintergrund *unterschiedlicher Interpretationen der Kategorie Geschlecht* debattiert. Damit werden auch viele Themengebiete und Fragestellungen eines queer-feministischen Zugangs zu Ökonomie berührt. Wir unterscheiden Geschlecht als materielle/empirische Kategorie und als diskursive/konzeptionelle Kategorie, die die Reproduktion von Geschlechterverhältnissen jeweils unterschiedlich begründen, aber dennoch zusammengehören (*Kritik, Dekonstruktion, Utopie: Ansprüche an eine emanzipatorische feministische Ökonomie*). Wir unterscheiden die individuelle und die Haushaltsebene als Ebenen, wo Geschlecht und die Beziehungen zwischen

Personen verschiedener Geschlechter empirisch zu fassen sind oder vernachlässigt werden. Der Haushalt dient in der ökonomischen Forschung und statistischen Erhebungen oftmals als Blackbox, in der bestimmte Formen von Arbeit, insbesondere Frauenarbeit, und geschlechtsspezifische Ungleichheiten unerkannt verschwinden. Zugleich wird bei dieser Blackbox implizit unterstellt, dass der Haushalt aus Männern und Frauen (eventuell mit Kindern) besteht. Andere Lebensrealitäten bleiben unberücksichtigt. Deshalb stellen wir im Buch durchgehend die folgenden Fragen: Welche Rolle spielt das Geschlechterverhältnis für das Main-/Malestreamverständnis von neoklassischer Ökonomiebildung (*Nutzen! Optimieren!*)? Wo und wie kommt die Kategorie Geschlecht in der Welt der Zahlen und statistischen Erhebungen vor, inwieweit wird sie eben nicht benannt (*Die Welt der Zahlen*)? Welche Implikationen für die geschlechtsspezifische Verteilung von Arbeit, Zeit und Geld ergeben sich, wenn das Einkommen eines Haushalts oder die Einkommen von Individuen als Grundlage von Steuereinhebungen herangezogen werden (*Makroökonomie und Geschlechterverhältnisse*)? Wie verändert sich der Haushalt als geschlechtsspezifisch strukturierter und heteronormativ konstruierter Raum der Reproduktion und Produktion als Folge internationaler Arbeitsteilung (*Care-Arbeit und soziale Reproduktion*)?

Schließlich sind Wirtschaftskrisen im Allgemeinen und die Europa betreffende Finanz- und Wirtschaftskrise im Besonderen als Kontinuum ökonomischer Prozesse zu verstehen. Die Krisenhaftigkeit ist dem kapitalistischen System immanent. Dabei wollen wir der Frage nachgehen, welche Rolle unbezahlte (Frauen-)Arbeit spielt, Krisen zu überstehen oder dem System Alternativen der wirtschaftlichen Organisation entgegenzusetzen.

Wo sind die Ökonominnen?

Ein Streifzug durch die Geschichte der politischen Ökonomie

Wo sind die Ökonominnen? Jedenfalls finden sich die ersten Ökonominnen nicht in den Standardlehrbüchern der Ökonomie, nicht in jenen zur Theorie- und auch nicht in jenen zur Wirtschaftsgeschichte. Dies gilt weitgehend sogar für Harriet Taylor Mill und Joan Robinson, die beide umfassend publizierten und sicherlich zu den herausragendsten Theoretikerinnen des 19. bzw. 20. Jahrhundert zählen. Fest steht, es gibt weit mehr Frauen, die an Entstehung, Weiterentwicklung und Verbreitung ökonomischer Theorien beteiligt waren, als wir derzeit wissen. Ihr Beitrag zu Theorieentwicklung und -entstehung zählt nach wie vor zu den weitgehend unbeschriebenen Landkarten der Ökonomiegeschichte. Wer waren Harriet Taylor Mill, Barbara Bodichon, Clara Elizabeth Colet, Ada Heather Bigg, Charlotte Perkins Gilman, Käthe Leichter, Adelheid Popp und Stephanie Hermann-Braun?

Die Ökonomie als eigener Untersuchungsgegenstand entwickelte sich zuerst im industriell und kapitalistisch am weitesten entwickelten Land, in Großbritannien. Als Gründungswerk gilt die 1776 von Adam Smith verfasste Abhandlung *An Inquiry into the Nature and Causes of the Wealth of Nations* (Wohlstand der Nationen – Eine Untersuchung seiner Natur und seiner Ursachen). Es sollte noch rund 130 Jahre dauern, bis sich die Nationalökonomie als eigenes Studienfach etablierte. Bis dahin war sie in Großbritannien eine Teildisziplin der Moralphilosophie. In England sind auch die ersten Spuren von Frauen, die sich umfassend mit diesem neu entstehenden Wissensgebiet befassten, zu finden. Der theoriegeschichtliche Vorsprung Englands scheint sich bis heute fortzusetzen. Die Beiträge von Frauen zur Nationalökonomie sind in England weit besser erforscht als in Österreich und Deutschland[3], wo der aufbereitete Wissensstand viele Lücken aufweist und über erste Ansätze kaum hinausgeht.

Die Entstehungsgeschichte der Volkswirtschaftslehre ist von Beginn an von Frauen begleitet, wenngleich ihre Spuren nach wie vor im Schatten liegen. Die ersten Ökonominnen, die ersten Frauen, die sich mit volkswirtschaftlichen Theorien befassten, spannten bereits ein weites Spektrum auf. Dies betrifft die Dauer und Intensität der Auseinandersetzung mit ökonomischen Theorien sowie ihre Motivationen, sich mit der Materie zu beschäftigen. Einige waren einfach gezwungen, mit irgendeiner Tätigkeit Geld zu verdienen – warum nicht durch Beiträge zu ökonomischen Debatten; andere wollten ökonomisches Wissen in aufklärerischer Absicht zugänglich machen; manche verbanden ihre Forschungen und Publikationen mit ihrem gesellschaftspolitischen oder revolutionären Engagement in der Ersten Frauenbewegung. Sie schrieben Einführungswerke und Lehrbücher, Standardwerke, politische Streitschriften und polit-ökonomische Fachartikel und waren Herausgeberinnen von Zeitschriften.[4] Sie waren Liberale, Utilitaristinnen, Sozialistinnen, proletarische oder bürgerliche Feministinnen, waren als Gemäßigte oder Radikale Teil der Ersten Frauenbewegung. So unterschiedlich ihre Biografien, Beweggründe und politischen Einstellungen auch waren, sie alle waren Ausnahmeerscheinungen, die durch ihr Leben und Werk gegen die Konventionen ihrer Zeit verstießen. Im 19. Jahrhundert waren Frauen in Europa und den USA von höherer und beruflicher Bildung weitgehend ausgeschlossen und ihre Möglichkeit zur

3 Vgl. Michalitsch/Schlager 2006a, 2006b; Allgoewer 2013.

4 Charlotte Gilman: Forerunner; Barbara Bodichon: *English Womens Journal*; Clara Zetkin: *Die Gleichheit*; Adelheid Popp: *Arbeiterinnenzeitung*; Käthe Leichter: *Frauenbeilage zur Arbeit und Wirtschaft*.

Erwerbstätigkeit durch Berufsverbote in einigen Bereichen eingeschränkt. Ihre Rolle in der Gesellschaft war durch rechtliche und ideologische Regelungen jener des Mannes untergeordnet. Dagegen traten Frauen einerseits politisch auf. Andererseits nutzten sie, nicht zuletzt aufgrund negativer persönlicher Erfahrungen, unterschiedliche Spielräume und zogen auch auf individueller Lebensebene Konsequenzen. So heiratete Charlotte Perkins Gilman ihren zweiten Mann nur unter der Bedingung, dass ihre gemeinsame Wohnung keine Küche hatte. John Stuart Mill unterzeichnete bei seiner Hochzeit mit Harriet Taylor eine Verzichtsklausel bezüglich aller ehelichen Rechte, die ihm das patriarchale Eherecht gewährt hätte (Schmoly 2001, 66). Sogar das im Vergleich zu den Mills weit konservativere Paar Mary Paley und Alfred Marshall verzichtete bei der Hochzeit auf die Vertragsklausel, bei der die Frau dem Mann Gehorsam schwört (Tullberg 2001, 105). Einige Frauen zogen es vor, gar nicht zu heiraten.

Dieses Kapitel ist auch ein Streifzug durch die Ökonomiegeschichte selbst: von den Anfängen der Ökonomie als eigenes Wissenschaftsgebiet, über die Hochblüte der Klassik mit Harriet Taylor Mill als der berühmtesten Figur unter den ersten Ökonominnen, bis hin zu Mary Paley Marshall, deren Lebens- und Schaffensperiode bereits in den Umbruch von der Klassik zur Neoklassik fällt. Schließlich werden Debattenstränge rund um Frauenerwerbstätigkeit und Lohnunterschiede zwischen Männern und Frauen gegen Ende des Jahrhunderts in Großbritannien dargestellt. In Österreich und Deutschland finden sich die ersten Pionierinnen der Ökonomie an der Schnittstelle zwischen Politik und Ökonomie im Rahmen der proletarischen und bürgerlichen Frauenbewegung und über die in beiden Ländern erst relativ spät einsetzende Öffnung der Universitäten für Frauen.

Die ersten Pionierinnen der Ökonomie in England

Zu den ersten Frauen, die sich intensiv mit ökonomischen Theorien auseinandersetzten, zählen Jane Marcet (1769–1858) und Harriet Martineau (1802–1876). Beide waren Bestsellerautorinnen und verfassten erfolgreiche Einführungswerke in den Gegenstand der politischen Ökonomie. Nicht nur die Verkaufszahlen und die daraus resultierenden Einnahmen waren entsprechend hoch, ihren Werken wurde auch Anerkennung von (einigen) der führenden Ökonomen zugesprochen. Jane Marcet verfasste drei Einführungsbücher in die Volkswirtschaftslehre, die jeweils auf ein anderes Zielpublikum ausgerichtet waren: Die *Conversations on Political Economy* (1816), geschrieben für eine Leserschaft höherer Bildung, erwies sich als das finanziell erfolgreichste und am meisten geachtete ihrer drei Bücher. Es lag ihr daran, eine Wissenschaft zu vermitteln, die „... bis dato kein englischer Autor in verständlicher und gängiger Form dargestellt hat" (Polkinghorn 2001, 42). Nicht nur die hohen Verkaufszahlen – es erreichte mehr als 14 Auflagen – sprechen für Erfolg und Qualität ihres Vorhabens. Auch die Namen derer, die ihre Schrift positiv rezipierten, lesen sich wie das Who is Who der klassischen politischen Ökonomen; u. a. David Ricardo, Thomas Malthus, Jean-Baptiste Say, der über sie befand, sie sei „... die einzige Frau, die über die Politische Ökonomie geschrieben hat und dabei ihre männlichen Kollegen überragt" (Polkinghorn 2001, 44). Marcets *Conversations* dienten Harriet Martineau als Vorbild für ihre *Illustrations of Political Economy*. Entgegen dem Vorschlag ihrer Mutter, ihren Unterhalt mit Handarbeiten zu verdienen, zog sie es vor, schriftstellerisch tätig zu werden. Obgleich sie zu Beginn große Schwierigkeiten hatte, einen Verleger zu finden, entwickelte sich ihre Einführungsreihe aus neun Bänden zu einem durchschlagenden Erfolg: „... von jener Stunde an habe ich mir niemals mehr wieder Sorgen über meine Beschäftigung machen müssen – außer der, welcher ich nachgehen sollte, noch wirkliche Befürchtungen über Geld ausstehen müssen“ (Polkinghorn 2001, 48). Unter anderem behandelte sie die Theorien Ricardos, Malthus' und Benthams und ergänzte das Werk später um *Illustrations of Taxations*. Die teilweise negativen Kritiken waren wohl auch politisch motiviert. So schreibt ein Rezensent des *Quaterly Review* über sie: „eine Anhängerin Malthus'. Eine Frau, die Kinder zu bekommen als ein Verbrechen gegen die Gesellschaft ansieht! Eine unverheiratete Frau, die gegen die Ehe wettert!!“ (ebd., 50).

Harriet Taylor Mill (1807–1858) gehört zu den herausragendsten Intellektuellen und führenden Persönlichkeiten der Ersten Frauenbewegung des 19. Jahrhunderts in England. Ihr Lebens- und Schaffensprozess ist eng verknüpft mit John Stuart Mill, den sie nach dem Tod ihres ersten Mannes heiratete. Zu ihren Lebzeiten erschienen nur wenige Beiträge unter ihrem Namen. Wie groß ihr Beitrag zu jenen Schriften war, die (vorerst) unter John Stuart Mills[5] Namen erschienen, war lange Zeit fraglich. Als Hinweis für einen gemeinsamen Schaffensprozess gelten Aussagen John Stuart Mills selbst. In seiner Autobiografie etwa schreibt er über den Beitrag Harriet Taylors zu seinen Werken: Wenn zwei Personen „... von gemeinsamen Grundannahmen ausgehen und ihre Schlussfolgerungen das Resultat eines gemeinsamen Prozesses sind, ist es nebensächlich, ... wer von beiden die Feder hält; die eine Person, die am wenigsten zur Verschriftlichung beiträgt, hat eventuell am meisten zur Entwicklung der Gedanken beigetragen;

5 *The Enfranchisement of Women* (Über Frauenemanzipation) erschien erstmals anonym 1851, zwei Jahre später unter John Stuart Mills Namen. 1859 erschienen *The Enfranchisement of Women* als Teil seiner Schriftensammlung *Dissertations and Discussions*, wobei er hierzu bemerkt, dass es sich um ein Werk von Harriet Taylor Mill handelt und John Stuart Mills Beitrag nicht viel mehr als der eines Verlegers und Sekretärs war (Pujol/Seiz 2000, 477). 1868 erschien es schließlich unter ihrem Namen.

das resultierende Werk ist das Produkt von beiden“ (zit. nach Seiz/Pujol 2000, 476, eigene Übersetzung).

Umstritten ist, inwieweit Harriet Taylor Mill an der Entstehung der *Principles of Political Economy* beteiligt war. Immerhin handelt es sich hierbei um eines der bedeutendsten ökonomischen Werke des 19. Jahrhunderts; es galt vom Erscheinen im Jahr 1848 bis Ende des Jahrhunderts als das Standardwerk der politischen Ökonomie. Michèle Pujol – eine der führenden zeitgenössischen feministischen Ökonominnen auf dem Gebiet der Theoriegeschichte – geht davon aus, dass die *Principles* gemeinsam verfasst wurden (Pujol 1998, 24). Wird dieser Argumentation gefolgt, so sind die *Principles* nicht nur deshalb eine bemerkenswerte Ausnahme, weil die KoautorInnenschaft auf eine Frau entfällt, sondern weil es zugleich das erste Werk der „großen“ Ökonomen ist, in dem die ökonomische Situation der Frau Gegenstand der Betrachtung ist. Frauen werden hier erstmals als autonome ökonomische Agentinnen behandelt (Pujol 1998, 24).

Vom utopischen Gesichtspunkt aus, bei der Frage nach gesellschaftlichen Alternativen, gingen Mill und Mill über den ökonomischen Mainstream ihrer Zeit hinaus. In Anlehnung an die Fourieristen oder utopischen Sozialisten sprachen sie sich für alternative und kollektive Wohn- und Organisationskonzepte aus, um Arbeit und Kosten für das Gebäude zu sparen und um die notwendige Hausarbeit effizienter und arbeitssparender organisieren zu können (Pujol 1998, 30). Des Weiteren plädierten Mill und Mill in den *Principals* für eine genossenschaftliche Organisation der Produktion und eine gerechte Verteilung des Arbeitsproduktes. Anfänglich befürwortete Harriet Taylor den Kapitalismus noch als ein erstrebenswertes Wirtschaftssystem, aber nicht zuletzt durch die Revolution von 1848 in Kontinentaleuropa radikalisierten sich ihre Ansichten. Sie sympathisierte mit dem französischen Sozialismus und trat für einen gesicherten Lebensunterhalt aller Menschen ein. Dem Einwand, dass ein garantierter Lebensunterhalt dem Anreiz, zu arbeiten, zuwiderlaufen würde, hielt sie entgegen, dass der Gemeinschaftssinn steigen und eine gegenseitige Kontrolle schon für die Verrichtung der Arbeit sorgen würde (Schmoly 2001, 97–81). Heute würde Harriet Taylor Mill wohl zu jenen Frauen gehören, die sich für ein bedingungsloses Grundeinkommen einsetzen.

Wenngleich John Stuart Mill in Bezug auf Frauenfragen sicherlich zu den fortschrittlichsten Männern zählte – er trat etwa für das Frauenwahlrecht ein – so war ihm Harriet Taylor Mill diesbezüglich einige Schritte voraus. Sie war in Frauenfragen radikaler als ihr intellektueller Kompagnon, der sich zwar nicht prinzipiell gegen die Frauenerwerbstätigkeit aussprach, aber Ehe und Erwerbstätigkeit von Frauen für unvereinbar hielt (Pujol 1998, 29). Demgegenüber stand es für Harriet Taylor Mill außer Frage, dass auch verheiratete Frauen Zugang zu eigenem Einkommen haben sollten: „Eine Frau, die materiell zum Unterhalt der Familie beiträgt, kann nicht auf dieselbe tyrannische und verachtende Weise behandelt werden wie eine Frau, die für ihren Unterhalt vollständig vom Mann abhängig ist, ungeachtet der Tatsache, dass sie sich als Haussklavin abrackert“ (zitiert nach Seiz/Pujol 2000, 478, eigene Übersetzung). Die Forderung nach einem uneingeschränkten Arbeitsmarktzugang für Frauen verband Taylor auch mit Effizienz und Wohlstand fördernden Argumenten: Der allgemeine Wohlstand wächst, „wenn die Welt die besten Fähigkeiten aller EinwohnerInnen nützen kann“, schreibt sie in *The Enfranchisement of Women* (Über Frauenemanzipation) (zitiert nach Seiz/Pujol 2000, 478). Selbst wenn die Lohnfondstheorie[6] zutref-

6 Bei der Lohnfondstheorie wird davon ausgegangen, dass die Lohnsumme zu einem gewissen historischen Zeitraum fixiert ist, d. h. die Löhne können nur dann steigen, wenn sich die Lohnsumme auf weniger ArbeiterInnen verteilt; steigt umgekehrt ihre Anzahl, müssten die Löhne sinken. Die Gültigkeit dieser Theorie war umstritten, wurde aber regelmäßig als

fen würde, also ein Mann und eine Frau gemeinsam nicht mehr verdienen könnten als der Mann alleine, wäre noch mit Wohlstandgewinnen zu rechnen (Seiz/Pujol 2000, 478). Solange der Kapitalismus mit den Gesetzen des freien Wettbewerbs das vorherrschende System ist, „… ist es eine Tyrannei, die eine Hälfte der Wettbewerber auszuschließen" (Seiz/Pujol 2000, 478, eigene Übersetzung). Auf den positiven Zusammenhang zwischen einer steigenden Frauenerwerbstätigkeit und gesamtwirtschaftlichen Wachstumspotentialen wird auch in heutigen Debatten um die Arbeitsmarktbeteiligung von Frauen gern Bezug genommen (z. B. Bock-Schappelwein et. al. 2009).

Ähnlich wie Harriet Taylor argumentiert in diesem Punkt auch Barbara Leigh Smith Bodichon (1827–1891), die mit *Women and Work* (1857) als erste Frau eine Abhandlung über Frauenerwerbstätigkeit verfasst hat. Je größer die Arbeiterschaft, unabhängig ob bestehend aus Frauen oder Männern, umso größer sei die Gesamtproduktion und umso leichter sei es, die Bedürfnisse von allen zu befriedigen, so Bodichon. Nicht zuletzt aufgrund der Ergebnisse der Volksbefragungen, die entgegen dem damaligen Selbstbild der viktorianischen Gesellschaft bescheinigte, dass 43 Prozent der englischen und walisischen Frauen über 20 unverheiratet waren, wendet sie sich ermahnend an die Väter mit der Aufforderung, den Töchtern eine Ausbildung zuteilwerden zu lassen: „Möglicherweise wird deine Tochter nicht heiraten. Es ist deine Pflicht, sie darauf adäquat vorzubereiten; sie wird krank, arm oder verrückt werden, wenn sie keinen Beruf hat – so viel ist sicher" (Pujol 1998, 39, eigene Übersetzung). Ebenso wie Harriet Taylor Mill zählt Bodichon zu den scharfen Kritikerinnen der Ehe, sie tritt für das Arbeitsrecht auch von verheirateten Frauen ein, fordert die Öffnung von Gewerkschaften für Frauen und kritisiert die strikte

Argument gegen Lohnerhöhungen bzw. gegen die Erwerbstätigkeit von Frauen herangezogen. Heute wissen wir, dass sie falsch ist.

geschlechtliche Arbeitsteilung, die sie für die gesamte Gesellschaft als schädlich betrachtet. Schließlich gründet sie mit dem Women's Employment Bureau 1858 die erste Arbeitsvermittlungs- und Trainingsstelle für Frauen. Auch erste Ansätze einer Crowdingtheorie am Arbeitsmarkt (Verdrängungstheorie), die heute noch als ein Erklärungsansatz für geschlechtsspezifische Lohndifferenzen herangezogen wird, sind auf Bodichon zurückzuführen: Die starke Konzentration von Frauen auf wenige Branchen und Berufe führt dort zu einem Überangebot an Arbeitskräften und entsprechend niedrigen Löhnen (Pujol 1998, 38). Später wurde die Entwicklung der Crowdingtheorie fälschlicherweise Ysidor Edgeworth (1845–1926), Mitbegründer der Neoklassik, zugerechnet (Pujol 1998, 94).

Exkurs in die USA: Charlotte Perkins Gilman – „eine unnatürliche Tochter"

Auf der anderen Seite des Atlantiks erschien 1898 *Women and Economics* von Charlotte Perkins Gilman (1860–1935). Sie war eine der führenden Intellektuellen der US-amerikanischen Frauenbewegung. Ihr Werk, *Women and Economics,* feierte auch international großen Erfolg und wurde innerhalb kurzer Zeit in sieben Sprachen übersetzt. Der Untertitel, *A Study of the Economic Relation between Women and Man* (Eine Studie der ökonomischen Beziehung zwischen Männern und Frauen als ein Faktum der sozialen Evolution), verrät mehr über den konkreten Inhalt des Werks. Selbst Konservative konnten sich der stringenten Argumentation, mit der sie gegen die ökonomische Bedingtheit der geschlechtlichen Arbeitsteilung anschreibt, nicht verwehren, ohne ihr zumindest Respekt zu zollen. In *The Nation* wurde es als „die wichtigste Publikation zu diesem Thema seit Mills *Die Hörigkeit der Frau* (Gilman 1994[7], VIII) rezipiert. Unter Rück-

7 Alle Zitate aus *Women and Ecomomics* (Gilman 1994) beruhen auf eigenen Übersetzungen. Das englische Original wie auch die Erzählung *What*

griff auf Darwins Evolutionstheorie und mit vielen Vergleichen aus dem Tierreich legt sie dar, dass die vorherrschende Arbeitsteilung in einer Gesellschaft, in der die Frau zur Abhängigen des Mannes wird, auf völlig übersexualisierten („oversexualised") Geschlechterstereotypen beruhe: „Wir sind die einzige Spezies, in der der weibliche Teil vom männlichen abhängig ist, und die einzige Spezies, in der die sexuelle Beziehung eine ökonomische ist" (Gilman 1994, 5). Mit sprachlichem Witz und satirischen Elementen beschreibt sie, warum die geschlechtliche Arbeitsteilung und die damit einhergehenden Rollenvorstellungen unnatürlich sind und dem gesellschaftlichen Fortschritt entgegenlaufen. Hausarbeit verschafft Frauen viel Mühe und Plage. Frauen aus den oberen Schichten hingegen können ihren eigenen Status als Haussklavin durch bezahlte HausdienerInnen ersetzen. Gilman berücksichtigt in ihrer Analyse also auch Klassenunterschiede zwischen Frauen. Der ökonomische Status einer Frau leitet sich über den ihres Mannes ab, ergibt sich jedoch nie über die von ihr geleistete Hausarbeit, denn diese ist unbezahlt. Selbst wenn Hausarbeit bezahlt wäre, wäre diese keine Grundlage, um reich zu werden. Den Ehefrauen stünden durch die Hausarbeit „... Löhne von Köchen, Hausmädchen, Krankenschwestern, Schneiderinnen, Haushälterinnen zu und nicht mehr" (ebd., 14). Daraus zieht sie den Schluss: „Der verschwiegene Fakt in dieser Diskussion ist, was auch immer der ökonomische Wert der Hausarbeit ist, die Frau bekommt ihn nicht." (Gilman 1994, 5).

In einem ihrer literarischen Werke nimmt Gilman das Thema der Bewertung von Hausarbeit in sehr konkreter Form wieder auf. *What Diantha did* erschien als Fortsetzungsroman

Diantha did sowie viele andere Texte von Charlotte Perkins Gilman sind über http://onlinebooks.library.upenn.edu/webbin/book/lookupname?key=Gilman%2C%20Charlotte%20Perkins%2C%201860-1935 online verfügbar.

in der von ihr herausgegebenen Zeitschrift *Forerunner*. Es ist die Geschichte einer jungen Frau, die von zu Hause auszieht und später ein eigenes Unternehmen mit einem umfassenden Dienstleistungsangebot unterschiedlicher Haushaltstätigkeiten gründet. Im zweiten Kapitel mit dem Titel *Eine unnatürliche Tochter* teilt Diantha ihrem Vater mit, dass sie von zu Hause weg und arbeiten gehen wird. Der Vater, empört über diesen Umstand, wirft ihr vor, undankbar zu sein: „Was schuldest du mir für all die Sorge, den Kummer und die Kosten, dich großzuziehen?" (Gilman 2000, 99). Diantha hat mit derartigen Vorwürfen gerechnet und präsentiert ihrem Vater eine Rechnung in zwei Teilen. Der erste Teil,

den sie dank der genauen Buchhaltung der Mutter sehr detailliert erstellen kann, umfasst all jene Ausgaben (Schulkosten, Arzt und Zahnarzt, Kleidung, Kost, Logis), die er für sie geleistet hat. In die Kosten für die Kleidung hat sie auch die Arbeitskosten der Mutter – 20 Tage im Jahr über 15 Jahre – eingerechnet. Stolz freut sich der Vater, als er die Summe von 3.600.000 Dollar sieht, die er für sie geleistet hat und die sie ihm nun schuldet. Die zweite Seite der Rechnung umfasst alle von ihr getätigten Leistungen: zehn Jahre mit täglich zwei, drei Stunden Hausarbeit, ein Jahr die volle Tätigkeit einer Hausangestellten, als die Mutter krank war. Hinzu kommen Beiträge für Kost und Logis und verschiedene familiäre Unterstützungsleistungen, die sie ihm aus ihrem Lehrerinnengehalt gezahlt hat. Anfänglich zeigt sich der Vater noch erfreut: „Es war ein Glück, dass ein Mann eine Frau und Töchter hatte, die diese Arbeit verrichteten, andernfalls könnte er niemals eine Familie ernähren" (Gilman 2000, 102). Doch als er sieht, dass sich die beiden Seiten zu seinen Lasten saldieren und er seiner Tochter 547.000 Dollar schuldet, stellt er fest: „Das ist die beschämendste Kalkulation, die ich in meinem Leben je gesehen habe", und: „Da gehst du hin und rechnest gegen kalte Dollar die Arbeit auf, die jedes anständige Mädchen glücklich ist für seine Familie zu tun!" (Gilman 2000, 104). Ob einem die Berechnung beschämend erscheinen mag oder nicht, Gilman, wenngleich eingebettet in einen literarischen Text, ist wahrscheinlich die Erste, die eine monetäre Bewertung von unbezahlter Hausarbeit vorgenommen hat. Die Erzählung erschien bereits im Jahr 1910 und somit für die Aufarbeitung dieses Themas zu einem sehr frühen Zeitpunkt. Die von ihr angestellten Überlegungen zur Bewertung – unterschiedliche Stundenlöhne für verschiedene Arbeitsleistungen – stellen eine Vorwegnahme späterer theoretischer Auseinandersetzungen zur Bewertung unbezahlter Haus- und Reproduktionsarbeit dar (*Makroökonomie und Geschlechterverhältnisse*).

Zurück nach Großbritannien: Mary Paley Marshall (1850–1944) zählt zu den ersten universitär verankerten Ökonominnen und den Pionierinnen der Frauenbildung. Sowohl im Zuge ihres eigenen äußerst erfolgreichen Ausbildungsweges als auch in ihrer Berufsausübung als Lehrende und Ökonomin verstieß sie gegen die Konventionen ihrer Zeit. Einen Teil ihrer Studienzeit verbrachte sie, ausgestattet mit einem Stipendium, getrennt vom Haushalt ihrer Eltern in Cambridge, um an den Vorlesungen, den *Lectures for Women*, die von den männlichen Universitätsdozenten gehalten wurden, teilnehmen zu können. Ein Umstand, den sie damals als „ein skandalöses Procedere" beschrieb (Tullberg 2001, 100). Zu ihren Studienfächern zählte auch die Politische Ökonomie, welche unter anderen von ihrem späteren Ehemann Alfred Marshall unterrichtet wurde. Nach dem ausgezeichneten Abschluss ihres Studiums – wenngleich Frauen das Tragen eines akademischem Grades nach wie vor verweigert wurde – begann ihre rund vierzigjährige Laufbahn als Dozentin für Ökonomie. Ihr Unterricht umfasste u. a. Grundzüge des Steuerwesens, Steuern und deren Auswirkung auf die verschiedenen Klassen in England, wirtschaftspolitische Maßnahmen und Methoden der Wirtschaftswissenschaften. Wiewohl sie bei den Studierenden sehr beliebt gewesen sein dürfte, bemerkte eine Studentin gegen Ende ihrer Karriere: „Die Principles [von Alfred Marshall] waren die

Bibel“ und „Wer es wagte, eine nicht-marshall-gemäße Meinung zu äußern“, wurde von ihr mit den Worten „Blinder Eifer schadet nur“ bedacht (Tullberg 2001, 119). Bei der Verleihung des Ehrendoktorats für Philosophie der Universität Bristol für ihr Lebenswerk, würdigte sie der Dekan als „eine überragende Wissenschaftlerin, die ihre Qualitäten in Zusammenarbeit mit ihrem Mann für solche Forschung verwendet hat, welche die Wirtschaftswissenschaften aus ihrem Schattendasein einer Halbwissenschaft auf die Sonnenseite der wahren Wissenschaft geführt hat“ (Tullberg 2001, 112).

Debatte um Frauenerwerbstätigkeit und geschlechtsspezifische Einkommensunterschiede

Alfred Marshall, Arthur Cecil Pigou (Marshalls Nachfolger in Cambridge), Ysidor Edgeworth und William Stanley Jevons zählen zu den wichtigsten Mitbegründern und Vertretern der Neoklassik, die sich gegen Ende des 19. Jahrhundert als dominantes ökonomisches Paradigma durchsetzte. Jeder von ihnen hatte eine bedeutende universitäre Position inne und prägte den patriarchalökonomischen Diskurs jener Zeit entscheidend mit. Statt Mill & Mills *Principles of Political Economy* waren nun Marshalls *Principles of Economics* die „Bibel“ der Volkswirtschaftslehre. Die vier Ökonomen sprachen sich aus unterschiedlichen Gründen weitgehend gegen die Frauenerwerbstätigkeit aus und das obwohl alle vier zu dezidierten Verfechtern des freien Marktes zählten; „frei“ aber sollte der Markt nur für Männer sein. Marshall[8] verteidigte

8 Durch die Erwerbstätigkeit der Frau sah Marshall auch die Ehe gefährdet. „Wenn Frauen versuchen, Männern gleichzukommen und sich von ihrer Führung und Kontrolle zu lösen, so werden die starken Frauen bald vereinsamen und die schwachen Frauen werden einfach verhungern: es ist unwahrscheinlich, daß Männer auch zukünftig heiraten werden, wenn sie mit ihren Ehefrauen konkurrieren müssen“ (Tullberg 2001, S. 138).

den *Factory Act*, Edgeworth war für die Aufrechterhaltung von Berufsbeschränkungen von Frauen und Jevons sprach sich für ein Fabrikarbeitsverbot für Frauen mit Kindern unter drei Jahren aus. Frauenerwerbsarbeit halte Frauen von deren Haushaltspflichten ab und fördere die Kindersterblichkeit, so die weitläufige Meinung. Alle vier sprachen sich gegen Mindestlöhne für Frauen aus, und wenn, dann sollten sie nicht auf dem Niveau der Männer liegen, sondern darunter (Pujol 2003, 24). Die am Markt bezahlten Löhne wurden von ihnen entweder über die noch stärker in der Klassik verankerten Subsistenzlöhne[9] argumentiert (Power et. al. 2003, 71) oder sie wurden entsprechend der neoklassischen Theorie über die (Grenz-)Produktivität der ArbeiterInnen erklärt: Frauen bekommen weniger bezahlt als Männer, weil sie weniger produktiv sind. Als „Beweis" für die niedrigere Produktivität von Frauen galten wiederum die am Markt gezahlten niedrigen Frauenlöhne; eine Tautologie. Gleiche Löhne für Männer und Frauen war bei dieser ersten und zweiten Generation an Neoklassikern kein erstrebenswertes oder gar ein unmögliches Ziel.

Rund um die Forderung nach geschlechtsspezifischen Einkommensunterschieden und die Frauenerwerbsarbeit entspann sich gegen Ende des 19. Jahrhunderts eine bis ins 20. Jahrhundert (und eigentlich bis heute) andauernde, kontrovers geführte Debatte. Eleanor Rathbone (1872–1946) stellte die neoklassische Grundannahme der Grenzproduktivität der Löhne infrage. Sie ging davon aus, dass sich die Löhne der Männer nicht über ihr tatsächliches Produktivitätsniveau bestimmten, sondern von der vorherrschenden Einstellung abgeleitet wären, dass Männer Familien zu ernähren hätten (Pujol 1998, 115). Bekannt wurde Rathbone auch für ihren konsequenten Einsatz für die Einführung einer Familien- bzw. Kinderbeihilfe. Diese sei direkt an die Frauen aus-

9 Lohn, der die Reproduktion der Arbeitskraft bzw. das Existenzminimums ermöglicht.

zubezahlen, um die ökonomische Situation von Müttern abzusichern.

Aufgrund ihrer eigenen empirischen Untersuchung zu den Gehältern von Lehrerinnen schlussfolgerte Clara Elizabeth Colet (1860–1948), dass sich deren niedriges Lohnniveau überwiegend über die geringe Zahlungsbereitschaft der Eltern für die Ausbildung ihrer Töchter (Tullberg 2001, 135) ergaben. Auch spielte die weit verbreitete Annahme, dass erwerbstätige (unverheiratete) Frauen weiterhin von ihren Familien unterstützt werden, eine Rolle für die niedrigen Löhne von Lehrerinnen. Ein wichtiges Argument gegen die Frauenerwerbstätigkeit war die damalige Vermu-
 tung, dass dadurch die Säuglingssterblichkeit zunehmen würde. Colet zeigte mit ihren Untersuchungen, dass dieses Argument einer empirischen Überprüfung nicht standhält (Groenewegen 2001, 249). Aufgrund ihrer langjährigen beruflichen Laufbahn, die sie in weiten Bereichen der Forschungstätigkeit der Frauenerwerbstätigkeit widmete, galt sie als Koryphäe auf ihrem Gebiet. Sie kann somit zu Recht als Pionierin der empirischen Wirtschaftsforschung bezeichnet werden.

Erste Schritte in Richtung segmentationstheoretischer Ansätze[10] enwickelte Millicent Garrett Fawcett (1847–1929).[11] Sie schloss sich der Vermutung an, dass Frauen weniger produktiv seien. Jedoch führte sie dies auf beschränkte Berufs- und Bildungsmöglichkeiten von Frauen und ihre Reduktion auf bestimmte Arbeitsmarktsegmente zurück und forderte entsprechende Ände-

10 Segmentationstheoretische Ansätze über die Funktionsweise des Arbeitsmarktes gehen davon aus, dass der Arbeitsmarkt in verschiedene Teilarbeitsmärkte (Segmente) aufgespalten ist. Jedes Arbeitsmarktsegment ist durch verschiedene Prinzipien (Zugangsmöglichkeiten, Lohnhöhe, Arbeitsplatzsicherheit) geprägt und der Austausch von Arbeitskräften zwischen diesen Teilarbeitsmärkten ist nur eingeschränkt möglich.

11 Im *Economic Journal* sind von ihr drei Artikel bezugnehmend auf die Lohndebatte erschienen (1989, 1904, 1918).

rungen. Frauen stünden lediglich Berufe in weniger produktiven Wirtschaftszweigen offen. Die niedrigeren Löhne in diesen klassischen Frauenbranchen drückten jedoch auch Löhne von Frauen in jenen Branchen oder Berufen, zu denen sowohl Männer als auch Frauen Zugang hatten. Ihre Verhandlungsmacht fiel somit überall schwächer aus als jene der Männer, da ihnen die besser bezahlten Männerbranchen großteils nicht als alternative Arbeitsmöglichkeit offenstanden (Pujol 1998, 57–60). Ein für die Debatte noch viel grundlegenderes Argument führt Ada Heather Bigg in ihrem Artikel von 1894 The Wive's Contribution to Family Income (Der Beitrag von Ehefrauen zum Familieneinkommen) an: Nicht die Frauenarbeit an sich ist es, die Männer empört. Nicht die Doppelbelastung und Überarbeitung von Frauen sind es, die Männer stören. Es sind das eigene Einkommen und die Unabhängigkeit, die Frauen erlangen, die Männer regelmäßig gegen die Frauenarbeit anschreiben lassen (Pujol 2001, 25). Sowohl die in der Klassik und der Neoklassik verankerten antifeministischen Argumente gegen Frauenerwerbstätigkeit und gleichen Lohn als auch die Gegenargumentationen der Pionierinnen der feministischen Ökonomie finden in unterschiedlichen Varianten Fortsetzung bis in heutige Debatten (vgl. *Die Welt der Zahlen*).

Pionierinnen der Ökonomie in Österreich und Deutschland

Die Öffnung der Universitäten für Frauen erfolgte in Österreich und Deutschland im Vergleich zu Großbritannien und den meisten anderen europäischen Ländern erst mit einiger Zeitverzögerung. Dies gilt in Österreich insbesondere für die juristische Fakultät in Wien, an der Volkswirtschaft als Teildisziplin der Staatswissenschaften gelehrt wurde. Dort wurden Frauen erst nach dem Ersten Weltkrieg (1919) als ordentliche Studierende zugelassen; davor nur (mit Sondergenehmigungen) als Gasthörerinnen. Käthe Leichter (1895–1942), Gründerin des Frauenreferats der Arbeiterkammer Wien und Widerstandskämpferin, hatte über eine Sondergenehmigung Staatswissenschaften an der Universität Wien inskribiert, der Studienabschluss wurde ihr jedoch verweigert. 1918 promovierte sie mit Auszeichnung bei Max Weber in Heidelberg. Else Cronbach (1879–1913) wird in Kurzbiografien als der „erste weibliche Doktor der Staatswissenschaften in Österreich" bezeichnet. Sie hatte ebenfalls in Wien studiert und promovierte in Berlin. Gemeinsam mit Ludwig von Mises und anderen zählt sie zu den GründerInnen der nationalökonomischen Gesellschaft (1908), die heute noch existiert. Rund um das von Ludwig von Mises abgehaltene Privatseminar findet sich eine Reihe von Frauen, die sich entsprechend der thematischen Schwerpunktsetzung der österreichischen Schule der Nationalökonomie überwiegend mit geld- und konjunkturtheoretischen sowie handelspolitischen Fragestellungen befassen. Die meisten von ihnen wurden später in diesen Bereichen auch beruflich tätig (Steiner 1973; Nautz 1997; Keintzel/Korotin 2002, 125).

Für die Spurensuche nach den ersten Ökonominnen in Österreich und Deutschland gibt es zumindest vier Ansatzpunkte: a) Die Überschneidung zwischen Frauen- und ArbeiterInnen- bzw. Gewerkschaftsbewegung; b) die Auseinandersetzung mit ökonomischen Fragestellungen im Rahmen der bürgerlichen Frauenbewegung und des radikalen Flügels dieser Ersten Frauenbewegung; c) die ersten Frauen, die Volkswirtschaft bzw. Staatswissenschaften studiert haben; d) jene Frauen, die als Teilnehmerinnen an Ludwig von Mises außeruniversitärem Privatseminar zur vierten Generation der österreichischen Schule der Nationalökonomien (zurückgehend auf Carl Menger) zählen. Zwischen den vier Themenbereichen bestehen zweifelsohne Überschneidungen. Was allen vier Bereichen gemein ist, dass sich Frauen in einem männlich dominierten Umfeld mit unterschiedlichen Formen von Frauenfeindlichkeit konfrontiert sahen. Des Weiteren prägte auch der seit Ende des 19. Jahrhunderts zunehmende Antisemitismus die Lebensrealität und das Umfeld (nicht nur) dieser Frauen, von denen einige jüdischer Abstammung waren. Pionierinnen der feministischen Ökonomie kamen überwiegend – aber keinesfalls ausschließlich – aus der ArbeiterInnen- und Frauenbewegung (Punkte a und b). Frauen, die als Ökonominnen ohne spezifisches Interesse an frauenspezifischen Fragestellungen tätig waren, sind vor allem – aber wiederum nicht ausschließlich – den privat und öffentlich organisierten akademischen Zirkeln zuzuordnen (Punkte c und d). Allen vier Verortungen ist überdies gemein, dass es sich hierbei um weitgehend nicht aufbereitete und/oder wieder vergessene Themenbereiche der Ökonomiegeschichte handelt.

Von der ArbeiterInnenbewegung …

Von Anfang an gab es in der ArbeiterInnenbewegung ein Spannungsverhältnis zwischen fortschrittlichen, emanzipatorischen frauenpolitischen Standpunkten und proletarischem Antifeminismus. Die Grundlagen der sozialistischen Emanzipationstheorie legten Friedrich Engels und August Bebel. In *Der Ursprung der Familie, des Privateigentums und des Staates* (1884) konzipierte Engels das Geschlechterverhältnis parallel zum Klassenverhältnis. Der Mann ist „der Bourgeois, die Frau repräsentiert das Proletariat" (zitiert nach Wieland 1983, 253). Bebel galt sowohl in der Theorie mit seinem Werk *Die Frau und der Sozialismus* (1879) als auch in der Praxis als dezidierter Befürworter der Aufnahme von Frauen in die Gewerkschafts- und ArbeiterInnenbewegung. Auf der anderen Seite des Spannungsbogens steht beispielsweise Ferdinand Lassalle, Gründer des Allgemeinen Deutschen Arbeitervereins. Die Lassalleaner argumentierten unter Berufung auf das eherne Lohngesetz – der deutschen Variante der Lohnfondstheorie – für Frauenarbeitsverbote und Abwehrstreiks gegen Frauenerwerbstätigkeit. Die Lohnfondstheorie und das eherne Lohngesetz dienten somit nicht nur Bürgerlichen als Legitimationsgrundlage gegen Lohnerhöhungen der Arbeiterschaft insgesamt, sondern fungierten auch als klassenübergreifendes patriarchales Argument gegen die Erwerbstätigkeit von Frauen. Luise Otto Peters (1819–1895), Gründerin des Allgemeinen Deutschen Frauenvereins (1865) und Proponentin des radikalen Flügels der bürgerlichen Frauenbewegung, argumentiert ähnlich wie Harriet Taylor Mill oder Barbara Bodichon in England gegen das eherne Lohngesetz: „… [S]elbst wenn man annehmen wollte, es entstünde eine Konkurrenz, [und] es würden [durch weibliche Arbeitskräfte] manche Männer weniger Arbeit und Lohn haben als jetzt … – nun so bleibt es ja ganz gleich, ob Männer oder Frauen feiern und hungern: die Anforderung auf Brot haben sie doch miteinander unbestreitbar gemein" (Wieland 1983, 219). Unter anderem ist es Clara Zetkin (1857–

1933), Galionsfigur und maßgebliche Theoretikerin der proletarischen Frauenbewegung, zu verdanken, dass sich die Partei am Kongress der Zweiten Sozialistischen Internationale 1889 in Paris dezidiert für die Einbeziehung von Frauen und Mädchen in die sozialistische Bewegung sowie für die Berufsarbeit der Frau ausspricht. Damit war die Debatte um Frauenarbeitsverbote zumindest formal beendet. Antifeministische Tendenzen finden in den Gewerkschaften über die Beteiligung an Kampagnen gegen das „Doppelverdienertum" nach dem Ersten Weltkrieg, über eine am Ernährerlohn orientierte Lohnpolitik bis in die 1970er-Jahre sowie über eine männlich orientierte Lohnpolitik bis heute ihre Fortsetzung. Für Clara Zetkin hat jede Klasse ihre eigene Frauenfrage. Für die proletarische Frau ginge es im Gegensatz zu Forderungen der bürgerlichen Frauenbewegung nicht nur um eine Gleichstellung mit den Männern, sondern um eine Befreiung von der Klassengesellschaft. Die Frauenfrage galt jedoch der Klassenfrage als untergeordnet. Wie Clara Zetkin war Rosa Luxemburg (1871–1919), die Volkswirtschaft in Zürich studiert hatte, eine der führenden marxistischen TheoretikerInnen und sicherlich eine der berühmtesten RevolutionärInnen der ArbeiterInnenbewegung. Ihr theoretisches Hauptwerk *Die Akkumulation des Kapitals* (1913) zählt zu den marxistischen Klassikern des frühen 20. Jahrhunderts.

An der Schnittstelle zwischen Politik, Frauen- und ArbeiterInnenbewegung und Ökonomie finden sich eine Reihe von Frauen, die über ihre theoretischen und politischen Arbeiten (u. a. als Publizistinnen, Herausgeberinnen von Zeitschriften und Rednerinnen) zu den Pionierinnen der feministischen Ökonomie gezählt werden können. Zu ihnen gehören neben vielen anderen Lily Braun (1865–1916), Adelheid Popp (1869–1939) und Emmy Freundlich (1878–1948). *Die Frauenfrage, ihre geschichtliche Entwicklung und wirtschaftliche Seite* (1901) von Lily Braun zählte neben Bebels die *Frau und der Sozialismus* lange Zeit zu den wichtigsten und umfassendsten Werken, die sich mit der Frauenfrage befassten. Adelheid Popp war ab ihrem dreizehnten Lebensjahr Fabrikarbeiterin und schloss sich bald der Gewerkschafts- und ArbeiterInnenbewegung an. Sie war Mitbegründerin und Schriftführerin der *Arbeiterinnenzeitung* (1892), war an der Organisation des ersten Frauenstreiks 1893 der Wiener Apparaturarbeiterinnen beteiligt, die für höhere Löhne und die Einführung des Zwölfstundentages kämpften. Für ihre scharfe Kritik an der Ehe wurde Popp zu zwei Wochen Gefängnis verurteilt. Fragen rund um die Genossenschaftsbewegung waren eines der Haupttätigkeitsfelder von Emmy Freundlich, die neben anderem auch als einzige Frau im Komitee der wirtschaftlichen Sektion des Völkerbundes tätig war. Gemeinsam mit Adelheid Popp, Therese Schlesinger und vier weiteren Frauen zählte sie 1919 für die Sozialdemokratische Arbeiterpartei zu den ersten Frauen im Parlament. Therese Schlesinger (1863–1940) verfasste für das austromarxistische Parteiprogramm der Sozialdemokratischen Arbeiterpartei (Linzer Programm 1926) den Frauenteil, in dem unter anderem gleicher Lohn für gleiche Arbeit, die Erleichterung der Hausarbeit durch entsprechende Einrichtungen im Rahmen des gemeinnützigen Wohnbaus sowie die Bereitstellung von Kindergärten gefordert wurden. Einiges davon wurde in der Zeit des Roten Wiens – von 1918 bis Anfang 1934 hatte die SDAP in Wien die absolute Mehrheit – umgesetzt.

An dem 1919 neu gegründetem Studium der Staatswissenschaften der Universität Wien war nicht nur die erste Person, die promoviert hatte, eine Frau, sondern auch die zweite. Helene Lieser schloss ihr Studium mit einer Doktorarbeit zu einem geldtheoretischen Thema ab und Helene Dub zu einem steuertheoretischen. Auch unter den folgenden 25 Promotionen entfällt rund ein Drittel auf Frauen[12]. Lediglich bei drei der eingereichten Themen handelt es sich um Themen der Frauen- oder Arbeiterinnenbewegung, die übrigen bewegen sich zwischen geld- und konsumtheoretischen sowie sozialpolitischen Fragestellungen (vgl. Ehs 2010, 245).

Helene Lieser-Berger[13] zählte gemeinsam mit Stephanie Hermann-Braun (nach ihrer Flucht in die USA Martha Steffy Browne), Marianne von Herzfeld, Gertrud Lovasy, Ilse Mintz-Schüller, Elly Offenheimer-Spiro zur vierten Generation der Österreichischen Schule der Nationalökonomie, die regelmäßig an den von Ludwig von Mises[14] abgehaltenen Privatseminaren teilnahmen (von Mises 1978, 66). Der Frauenanteil von diesen Seminaren war mit knapp

12 Valentine Adler, Martha Stephanie Hermann-Braun, Elise Fränkle, Carla Zaglits, Charlotte Friedmann, Amalie Weiß, Margarethe Schwarz, Edith Leisching.

13 Über Helene Lieser-Bergers Flucht berichtet von Mises: „Als Hitler in Wien einrückte und sie Schwierigkeiten hatte, auszuwandern, heiratete sie einen ihr fast unbekannten Mann. Es gab viele solcher Ehen, die faktisch nur Scheinehen waren und nie vollzogen wurden." (Margit von Mises, Der Mensch, zit. nach: Nautz 1997, 97).

14 Von Mises war wirtschaftlich ein Liberaler, ein dezidierter Gegner der Staatsintervention, Antikommunist und nach der Machtübernahme des Austrofaschismus 1933 wirtschaftlicher Berater von Dollfuß. 1940 emigrierte er aufgrund seiner jüdischen Herkunft gemeinsam mit seiner Frau von der Schweiz, wo er in den Jahren zuvor lebte, über ein Non-Quota Visum in die USA.

einem Viertel der rund 26 regelmäßigen TeilnehmerInnen bemerkenswert hoch. Die Wiener oder auch Österreichische Schule der Nationalökonomie fand international hohe Anerkennung. Sie geht zurück auf Carl Menger, der mit seiner neuen Preis- und Grenznutzentheorie gegen Ende des 19. Jahrhunderts zu den Mitbegründern der Neoklassik zählt.

Alle Seminarteilnehmerinnen waren nach ihrem Studium als Ökonominnen tätig und vielen von ihnen gelang es, ihre (teilweise beachtliche) berufliche Karriere nach der Machtübernahme der Nationalsozialisten und ihrer Vertreibung fortzusetzen. Sie waren alle (soweit bekannt) jüdischer Herkunft und wurden aus Österreich vertrieben. Beispielsweise arbeiteten sie bei der International Economic Association in Paris, beim Internationalen Währungsfonds, National Bureau of Statistics oder als außerordentliche Professorin an der Catholic University of America in den USA. Einige weisen auch eine umfangreiche Publikationstätigkeit auf. So publizierte beispielsweise Ilse Mintz-Schüller[15] weiterhin zur Konjunktur- und Außenhandelstheorie und Gertrud von Lovasy zu Währungs-, Finanz- und Außenhandelsfragen. Die beruflichen Werdegänge sind von allen – obwohl den männlichen Seminarteilnehmern auch in der Emigration weit steilere Karrierewege offen standen – beachtlich und thematisch durchwegs in der Tradition der österreichischen Schule der Nationalökonomie verankert.

... zur ersten (studierten) feministischen Ökonomin

Käthe Leichter, Sozialistin, Austromarxistin und Ökonomin, war in der sozialdemokratischen Arbeiterpartei bis zu Verbot, Auflösung und Verfolgung durch den Austrofaschismus organisiert. Im Jahr 1934 gründete sie mit anderen die Revolutionären Sozialis-

15 Vor ihrer Vertreibung arbeitete sie mit Hayek am von ihm gemeinsam mit von Mises gegründeten Institut für Konjunkturpolitik, dem heutigen Institut für Wirtschaftsforschung (Wifo).

ten und war im Untergrund tätig. 1940 wurde sie verraten, in das Frauenkonzentrationslager Ravensbrück deportiert und im selben Jahr im Zuge eines Euthanasieprogramms in der Anstalt Bernburg/Saale ermordet (Steiner 1973).

Nach ihrem Studium war sie u. a. bei Otto Bauer in der Staatskommission für Sozialisierung tätig. Ihr weiterer beruflicher Werdegang ist eng mit der Arbeiterkammer verknüpft, deren Frauenreferat sie gründete. Aus feministisch-ökonomischer Perspektive sind außerdem folgende Punkte von besonderem Interesse: Die Gründung der Frauenbeilage der Zeitschrift *Arbeit und Wirtschaft* sowie die Herausgabe des *Handbuch der Frauenarbeit in Österreich* (Leichter 1930) standen unter ihrer Federführung. Das Handbuch, das lange Zeit als Standardwerk zur Frauenarbeit galt, beinhaltete auch Beiträge von Therese Schlesinger und Adelheid Popp. Des Weiteren verfasste sie die auf einer Fragebogenerhebung basierende Studie *So leben wir ... 1320 Industriearbeiterinnen berichten über ihr Leben* (Leichter 1932). Diese ist aus zwei Gründen bemerkenswert: 1) Aufgrund des Zeitpunkts der Erhebung 1931 – inmitten der Finanz- und Wirtschaftskrise, kurz nach dem Zusammenbruch der Credit-Anstalt – handelt es sich um ein wichtiges Dokument der Wirtschaftskrise. 2) Die breite Themensetzung: Im Zentrum der Betrachtung steht nicht nur die Arbeiterin in der Fabrik, sondern ebenso die Haus- und Reproduktionsarbeit sowie die Freizeit. Die Ergebnisse der Studie sind mit den Bildstatistiken Otto Neuraths illustriert. Hier finden sich die ersten bildstatistischen Darstellungen über Umfang und Verteilung der Hausarbeit auf verschiedene Haushaltsmitglieder. Eine derartige Gleichgewichtung und Verknüpfung dieser unterschiedlichen Lebensbereiche im Rahmen sozio-ökonomischer Studien findet sich erst im Zuge der Zweiten Frauenbewegung wieder und ist selbst bei heutigen Analysen zur aktuellen Wirtschaftskrise eine Rarität.

Käthe Leichter zählt zu den allerersten Frauen Österreichs, die Volkswirtschaft studiert haben. Aufgrund der engen Verknüpfung ökonomischer und frauenspezifischer Fragestellungen in ihrer politischen und theoretischen Arbeit kann sie zu Recht als erste feministische (akademisch ausgebildete) Ökonomin Österreichs bezeichnet werden.

In Österreich und Deutschland bestand ein bemerkenswertes Potential sowohl an feministischen Ökonominnen als auch an Frauen, die ohne spezifisches feministisches Interesse in der Ökonomie tätig waren. Sie fanden ihren Weg zur Wirtschaftstheorie durch Theorie und Praxis im Rahmen der Arbeiterinnen- und Frauenbewegung, im Zuge der Universitätsöffnung für Frauen oder auch über das Privatseminar von Ludwig von Mises. Vertreibung und Ermordung vieler dieser ersten Ökonominnen entweder aufgrund ihrer jüdischen Herkunft und/oder als politisch Verfolgte zur Zeit des Austrofaschismus und Nationalsozialismus haben eine unwiederbringliche Leerstelle den nachfolgenden Generationen hinterlassen.

Schluss

Der Streifzug durch die Geschichte der ersten Ökonominnen in Großbritannien und den USA zeigt deutlich: Ökonominnen der ersten und zweiten Generation haben, vor allem wenn sie Teil der Frauenrechtsbewegung waren, die von ihren männlichen Kollegen vollzogene Trennung zwischen öffentlich und privat, zwischen Markt und privatem Haushalt, nicht geteilt und den systematischen Ausschluss von Frauen aus dem Betrachtungsgegenstand der Ökonomie thematisiert. Sie beschrieben die Arbeitsbedingungen von Frauen in beiden Sphären: in der öffentlichen des Arbeitsmarktes und in der privaten des Haushalts und der Familie. Das Faktum, dass auch Hausarbeit, die Frauen unentgeltlich für Ehemänner und Familie ausführen, Arbeit ist, steht bei allen Ökonominnen, die sich mit diesem Themenbereich befassten, außer Frage. Überwiegend einhellig wird jedoch die Frage, ob diese Arbeit als produktiv anzusehen ist oder nicht, verneint. In letzter Konsequenz erscheint diese Fragestellung als nebensächlich. Denn – wenngleich teilweise unausgesprochen – galt es für alle der feministischen Ökonominnen als selbstverständlich, dass es sich hierbei um eine für die Gesellschaft notwendige Arbeit handelt. Diese Arbeit muss, wenn die Befreiung der Frau erreicht werden soll, anders als im patriarchal familiären Kontext organisiert werden. So war zumindest die Ansicht des radikalen Teils der Ersten Frauenbewegung. Sie haben auf unterschiedliche Weise gegen Ernährerlöhne und gegen den Ausschluss und die Diskriminierung von Frauen am Arbeitsmarkt Stellung bezogen. Einige haben sich auch für eine Gesellschaftsordnung jenseits von Klassen- und Geschlechterunterdrückung eingesetzt.

Ein zentraler Bezugspunkt für feministische Ökonominnen war der Prozess, durch den über Gesetze, gesellschaftliche Normen, Erziehung und Gewalt die geschlechtliche Arbeitsteilung und damit die Unterwerfung der Frau unter den Mann in Öffentlichkeit und Privatheit herstellt wird. Aus dieser strukturellen Benachteiligung in Bezug auf Arbeit, Reputation und Rechtsansprüche resultiert die Formierung bestimmter geschlechterstereotyper Charaktere. Die Forderung nach Reformen des Familien- und Eherechts – oder in der radikaleren Variante die Forderung nach der Abschaffung der Familie – war nicht zuletzt auch eine ökonomische Forderung. Mit wenigen Ausnahmen betrachteten die männlichen Ökonomen Frauen selbstverständlich als der privaten Sphäre als Töchter, Ehefrauen und Mütter zugeordnet und damit als außerhalb der Ökonomie stehend. Das strategische Schweigen, aber auch der Widerspruch gegen den strukturellen Ausschluss von Frauen aus den Wirtschaftswissenschaften, findet hier seinen Anfang. Gelang den Ökonomen das strategische Schweigen nicht mehr, weil sie sich mit feministischen Gegenargumenten konfrontiert sahen, so gerieten sie regelmäßig ins Straucheln und mussten ihre ansonsten stringenten Argumentationen verbiegen und verdrehen, um den Ausschluss von Frauen aus dem Arbeitsmarkt und niedrigere Frauenlöhne zu rechtfertigen. Aber allein der Umstand, Recht oder die besseren Argumente zu haben, reicht weder für Veränderung der realen Verhältnisse noch dafür, eine theoretische Auseinandersetzung zu gewinnen. Der Kaiser kann schon einmal nackt sein und er behält trotzdem Recht. So gesehen geht der ökonomische „Male-/Mainstream" bereits seit mehr als zweihundert Jahren nackt spazieren.

Dem strategischen Schweigen der Männer stand kein Schweigen der Frauen gegenüber. Die Möglichkeiten, sich intellektuell und politisch zu äußern, waren für Frauen ungleich schwieriger als für Männer. Sie haben diskutiert, geschrieben, publiziert und für Veränderung gekämpft und damit auch einiges erreicht. Der Umstand, dass wir heute nach wie vor wenig über die ersten Ökonominnen wissen, ist nicht nur den Männern (und Frauen) ihrer Generation, sondern auch der männlich geprägten Geschichtsschreibung nachfolgender ÖkonomInnengenerationen geschuldet. Um wie viel reichhaltiger und umfassender wäre unser Verständnis von Ökonomie heute, wenn sich der feministische Strang der Ökonomie des 19. Jahrhunderts durchgesetzt hätte! Dann wären nicht nur unser Verständnis von Ökonomie, sondern auch die realen Gegebenheiten der Wirtschaftsorganisation heute andere.

Kritik, Dekonstruktion, Utopie

Ansprüche an eine emanzipatorische feministische Ökonomie

Die feministische Ökonomie muss sich als kritische und gleichzeitig praxisrelevante Wissenschaft nicht nur an den herrschenden Theoriebildungen der Ökonomie abarbeiten, sondern auch über den Status quo hinausgehend Utopien für eine

geschlechtergerechte Ökonomie entwickeln. Beides sind Unterfangen mit hohen Ansprüchen: Es geht um fundamentale Kritik an der herrschenden globalen Wirtschafts- und Geschlechterordnung sowie an den Grundsätzen und Zwecken von (Wirtschafts-) Wissenschaft. Aus dem Doppelbestreben nach Kritik und Utopie einer egalitären Gesellschaft entsteht das Dilemma, einerseits reale Voraussetzungen ökonomischen und sozialen Handelns zu begreifen, das heißt anzuerkennen und zu kritisieren, und andererseits kategorisierende Annahmen in Bezug auf Geschlecht, Klasse, Sexualität oder Herkunft zu hinterfragen und zu überwinden.

Im folgenden Abschnitt werden wir uns zunächst mit der vermeintlichen Geschlechtslosigkeit der Methoden, Instrumente, Themenfelder und wissenschaftstheoretischen Grundlagen der Wirtschaftswissenschaften auseinandersetzen. Dabei wird die Vielfalt der Ansätze ökonomischer Theoriebildung berücksichtigt. Wird das Geschlechterverhältnis als wesentliches Machtverhältnis ökonomischer Zusammenhänge anerkannt, bleibt jedoch zu klären, wie die Kategorie Geschlecht verstanden und analytisch angewandt wird. Diesen Debatten feministischer Forschung im Kontext ökonomischer Fragestellungen wenden wir uns im zweiten Teil des Kapitels zu.

Die Ökonomie hat kein Geschlecht?

Der feministischen Ökonomie geht es darum, die vermeintliche Geschlechtslosigkeit von Ökonomie zu entzaubern. Dabei zeigt sie auf, dass erstens die erkenntnistheoretischen Grundlagen der Ökonomie in einem androzentristischen[16] Bild von Wissenschaft wurzelt, das einer fundamentalen Kritik unterzogen wird. Zweitens macht die feministische Ökonomie sichtbar, dass die Fragestellungen, Themenauswahl, Theorie- und Methodenwahl im Wissenschaftsfeld der Ökonomie sehr selektiv sind und eingeschränkt bearbeitet werden. Schließlich kann ein institutioneller Ausschluss von Frauen aus der ökonomischen Wissenschaft festgestellt werden – diesem wohl offensichtlichen Aspekt von Androzentrismus in der Ökonomie sind wir im vorangegangenen Kapitel nachgegangen. Nun zu den ersten beiden Kritikpunkten.

Situiert und parteilich – Ansprüche an feministische Erkenntnis

Feministische Wissenschafts- und Ökonomiekritik sind eng miteinander verbunden. Die Idealisierung von Autonomie, Unabhängigkeit und Objektivität im Sinne von Unbeeinflussbarkeit im Wissenschaftsbetrieb und in der Wissensproduktion entspricht nicht von ungefähr der Charakterisierung des homo oeconomicus als rational entscheidend und losgelöst von äußeren Einflüssen. Als der Inbegriff von Wissenschaftlichkeit und das Ziel objektiver Wissenschaftsproduktion gelten abstraktes Denken, Generalisierung, Rationalität und Emotionslosigkeit. Diesem Zugang zur generellen Erklärung der Welt wird das „Weibliche“ gegenübergestellt, das mit dem materiellen Leben, dem Konkreten, Partiku-

16 Androzentrismus als Begriff wurde erstmals von Charlotte Perkins Gilman in ihrem Buch *The Man-Made World or Our Androcentric Culture* aufgebracht. Er bezieht sich auf ein Weltbild, das „den Mann“ oder „das Männliche“ als Norm, Maßstab und Zentrum setzt.

laren, Subjektiven und Abhängigen und der Natur Verbundenen assoziiert wird (vgl. Nelson 1993).

Aus der Perspektive der feministischen Wissenschaftstheorie wird dieser Begriff von „objektiver Wissenschaft" einer fundamentalen Kritik unterzogen. Wissenschaft muss als Aktivität, die von Menschen in bestimmten kulturellen Zusammenhängen mit bestimmten Positionen und Ansichten unternommen wird, gesehen werden. Sie basiert nicht auf der „reinen" Verfolgung rationaler Gedankengänge und Interpretationen im stillen und von Kindergeschrei oder Maschinengeschepper ungestörten Kämmerlein; die Objektivität des Forschers ist abhängig von seiner Position im gesellschaftlichen Gefüge (Harding 1989). Es wird „situiertes Wissen" produziert, das von den Umständen der eigenen Lebensrealität, der Forschungspraxis und des gewählten methodischen und theoretischen Zugangs, von der Perspektive auf den Forschungsgegenstand, vom Austausch mit anderen WissenschaftlerInnen usw. abhängig ist. Für Erkenntnisse der Wirtschaftswissenschaft beispielsweise macht es einen wesentlichen Unterschied, welcher Theorietradition die Forscherin verpflichtet ist. Daraus resultieren nicht nur unterschiedliche theoretische Vorannahmen, zum Beispiel von welchen Faktoren die Erhöhung von Konsumausgaben eines Haushalts abhängig sind oder wodurch Arbeitslosigkeit entsteht, sondern auch unterschiedliche Forschungsinteressen: Will man wissen, wie eine gerechtere Verteilung von Einkommen zustande kommen kann? Will man wissen, wie die geschlechtsspezifische Segregation von Arbeitsmärkten und Arbeitsteilung nicht nur erklärt, sondern auch aufgehoben werden kann? Will man wissen, wie die Versorgung betreuungsbedürftiger Menschen zu organisieren ist? Oder will man wissen, unter welchen Umständen sich die Aktienkurse von Start-ups erhöhen?

Der Anspruch an eine „objektive Wissenschaft", distanziert sein zu müssen und nicht in den Untersuchungsgegenstand involviert zu sein, wird vonseiten feministischer Wissenschaftskritik nicht nur als unrealistisch, sondern auch als kontraproduktiv zurückgewiesen (Fox Keller 1990). Hier kommt das Ziel von Wissenschaft ins Spiel: Wissenschaftliche Anliegen haben aus der Perspektive der feministischen Wissenschaftstheorie den Anspruch, realitätsnahe zu sein und unmittelbare und praktische Fragestellungen zu behandeln. Dorothy Smith (1989) spricht davon, die Alltagswelt zur Problematik und zum Gegenstand wissenschaftlicher Forschung zu machen. Forschung soll darüber hinaus vom Standpunkt gesellschaftlich Benachteiligter aus gedacht und angegangen werden (Singer 2008, 291, bezugnehmend auf Sandra Harding). Insofern ist objektive Erkenntnis zugleich und vor allem dann rational, wenn sie mit der Absicht der Aufhebung gesellschaftlichen Unrechts betrieben wird und daran interessiert ist, die gegenwärtige „schlechte" Wirklichkeit zu verändern. Parteinahme gegen Unterdrückung und überholte Macht- und Herrschaftsverhältnisse sind in solch einem Erkenntnismodell unauflöslich miteinander verbunden (Beer 1989). Wissenschaftsproduktion bedeutet demnach Interaktion, Eingreifen und Verändern; Handlungsfähigkeit und Verantwortung stehen im Vordergrund, verbunden mit einer Kritik an Vorstellungen von einer entkörperlichten, freischwebenden Objektivität und Wahrheitsansprüchen (Singer 2008, 293). Dieser Zugang entspricht auch unserem Verständnis von feministischer Ökonomie.

Was ist das Erkenntnisinteresse der ökonomischen Wissenschaft? Und der feministischen Ökonomie?

Legt man die feministische Wissenschaftskritik auf den Bereich der Ökonomie um, wirkt die Auswahl der Gegenstandsbereiche ökonomischer Forschung – sowohl in Bezug auf die theoretischen Grundannahmen, die Themenfelder als auch in Bezug auf die Methoden und Methodologie – sehr eingeschränkt und selektiv. Hier verdeutlicht sich eine andere, nämlich androzentristische und auf Machterhalt ausgerichtete „Situiertheit und Parteilichkeit“ von Wissenschaft, wenn sie auch als solche nicht explizit bezeichnet wird. Um diese Beschränkungen zu verstehen und zu erklären, machen wir einen kurzen dogmengeschichtlichen Rückblick, der verschiedene ökonomische Schulen[17] und ihre Forschungsinteressen kontrastiert:

Nach der Ablösung der Klassik durch die Neoklassik gegen Ende des 19. Jahrhunderts wurde der „methodologische Individualismus“ dominant, der das Nutzen maximierende, sozial unabhängige Individuum und seine rationalen Entscheidungen – den homo oeconomicus – ins Zentrum der ökonomischen Theoriebildung rückte. Das Forschungsinteresse verschob sich von der gesellschaftlich eingebetteten Ökonomie (in der Klassik) zur Untersuchung von Marktmechanismen unter den Bedingungen von subjektiver Nutzenmaximierung. Die Ökonomie wandelte sich von einer Sozialwissenschaft zu einer Formalwissenschaft, die sich stark am Vorbild der Naturwissenschaften orientierte. Mithilfe von relativ einfachen Modellen, unter der Anwendung komplizierter mathematischer und statistischer Methoden sollen das Funktionieren von Wirtschaft sowie die Prognose wirtschaftlicher Entwicklung erklärt werden (Jacobson 2007, 13). Was Klassik und Neoklassik (mit wenigen Ausnahmen wie etwa John Stuart Mill, Harriet Taylor Mill, Karl Marx und andere Pionierinnen der Ökonomie) jedoch verbindet, ist der systematische Ausschluss von Frauen aus dem – wiewohl unterschiedlich konzipierten – Betrachtungsgegenstand der Ökonomie. Die entlang von geschlechtsspezifischen und heteronormativen[18] Zuschreibungen

17 Für einen empfehlenswerten Überblick zu den zentralen Paradigmen der Ökonomie siehe Jäger/Springler 2012.

18 Heteronormativität fußt auf der Vorstellung, dass es zwei Geschlechter gibt, die sich gegenseitig begehren. Alle anderen und darüber hinausgehenden Geschlechtsidentitäten und Begehrenskombinationen befinden sich jenseits einer heteroNORMativen Vorstellung der Welt und ihrer Geschlechterverhältnisse.

verlaufende Zweiteilung zwischen rationalem, unabhängig und auf dem Markt agierenden Individuum und dem abhängigen und im Haushaltsgefüge verorteten Haushaltsmitglied, zwischen der Ausführung sowie ökonomischen Bedeutung von bezahlter und unbezahlter Arbeit, zwischen Effizienz und Altruismus, zwischen den formalwissenschaftlich-mathematischen und den unpräzisen sozialwissenschaftlichen Methoden durchzieht trotz jahrzehntelang formulierter Kritik den ökonomischen Wissenschaftsdiskurs.

Bis heute wird der Neoklassik sowohl in der wirtschaftswissenschaftlichen Theorie als auch in Bezug auf ihre wirtschaftspolitischen Empfehlungen große Bedeutung beigemessen. Wir sprechen in diesem Zusammenhang vom „Mainstream" der Volkswirtschaftslehre. Die Finanz- und Wirtschaftskrise, die sich seit dem Jahr 2007 über den Globus ausbreitete, verschaffte kurzfristig alternativen Konzeptionen der Wirtschaftswissenschaft – etwa keynesianischen und teilweise marxistischen Zugängen – Gehör. Die Neoklassik nimmt als Theorie und Methode eine mikroökonomische Perspektive ein und schließt vom rationalen Handeln der Individuen auf das Funktionieren der Gesamtökonomie. Im Gegensatz dazu sind die Analyseebenen der sogenannten Makroökonomie, die John Maynard Keynes in den Vordergrund seiner ökonomischen Theoriebildung stellte, die Gesamtwirtschaft und ihre Sektoren. Das Geschlechterverhältnis kommt in beiden Schulen nur implizit oder als zusätzliches Problem ins Spiel.

Im Anschluss an Keynes und Marx stellen sogenannte heterodoxe Ansätze die Verfügungsgewalt über Geld, Verteilungsfragen und die Rolle von (die Ökonomie stabilisierenden) Institutionen ins Zentrum theoretischer und wirtschaftspolitischer Überlegungen. Dazu zählen post-keynesianische Theorien, der Institutionalismus oder der Capability-Ansatz (vgl. Stockhammer/Ramskogler 2009; van Staveren 2010a). Im Unterschied zum Mainstream der Neoklassik versuchen heterodoxe Ansätze (unterschiedlich in Maß und Gewichtung) auch Abhängigkeiten und soziale Interdependenzen für die Analyse von Marktgeschehen zu berücksichtigen. Individuen sind demnach in Beziehung zu anderen Menschen, zu staatlichen Institutionen, zu Ideologien, zu Kultur und zur Natur zu denken.

Auch die feministische Ökonomie wird zu den heterodoxen Ansätzen gezählt. Ein wesentlicher Unterschied jedoch zwischen der feministischen Ökonomie und anderen heterodoxen Ansätzen ist die Schlüsselfrage des Geschlechterverhältnisses. Dieses ist sowohl in der empirischen und theoretischen Auseinandersetzung z. B. um Institutionen, institutionellen Wandel und Normen (vgl. Elson 1999) zentral als auch in der Auswahl der Forschungsgegen-

stände: Die Ökonomie des Haushalts wird als ebenso elementar für die Erforschung und Erklärung des Funktionierens von Wirtschaft wie die marktwirtschaftliche und staatliche Sphäre angesehen. Ausschlaggebend für die Fragestellungen und Themenfelder der feministischen Ökonomie ist die machtvolle Verteilung verschiedener Arbeitsformen (unbezahlte, bezahlte Arbeit, informelle Arbeit, Hausarbeit, Lohnarbeit, Versorgungsarbeit etc.) und die ungleiche Verfügung über Zeit, Ressourcen und Geld im globalen Kapitalismus. Diese Verteilung wird maßgeblich über das Geschlechterverhältnis mitbestimmt. Geschlecht als Variable, als Strukturkategorie, als soziales Verhältnis stellt also eine nicht vernachlässigbare Größe für die feministische Ökonomie dar. Soviel ist fix. Welches Konzept von Geschlecht jedoch anzuwenden ist, wie Geschlecht mit anderen Machtverhältnissen und Klassendifferenzen verschränkt ist und warum diese Auseinandersetzung wichtig für das Selbstverständnis von feministischen ÖkonomInnen ist, diesen Fragen wird der nächste Abschnitt auf der Spur sein.

Konstruierte oder gelebte Geschlechterverhältnisse im globalen Kapitalismus?

Wie können nun die Debatten der feministischen Theorie um die Interpretation der Kategorie Geschlecht für die Auseinandersetzung mit Ökonomie genutzt werden? Wir beginnen mit Grundsätzlichem: In der feministischen Debatte um den Bedeutungswandel des Geschlechterverhältnisses und der Kategorie Geschlecht wird der Begriff *gender* dem Begriff *sex* entgegengestellt. *Sex* bedeutet das biologische Geschlecht, während sich *gender* auf die sozio-kulturelle und diskursive Konstruktion von Geschlecht bezieht; *gender* wird auch als Geschlechtszugehörigkeit bezeichnet, welche nicht biologisch determiniert ist, sondern aus Sozialisationserfahrungen, in Machtbeziehungen, aus dem ständigen Reproduzieren von Geschlechterstereotypen in Bild, Tat und Sprache sowie in bestimmten sozialen und kulturellen Kontexten entsteht (vgl. Becker-Schmidt/Knapp 2007).

Meist wird davon ausgegangen, dass das biologische Geschlecht (*sex*) die stabilere, weniger veränderbare und präziser definierte Kategorie ist als das sozial und diskursiv konstruierte *gender*. Dass Frauen und Männer mit entsprechenden sexuellen Merkmalen ausgestattet sind und bestimmte sexuelle Präferenzen haben, scheint eine eindeutige Angelegenheit: Jemand hat Brüste, ein anderer hat Bartwuchs; die eine begehrt einen Mann, die andere begehrt eine Frau. Aber – so könnte man einwerfen – mühen sich Frauen und Männer nicht eher ständig damit ab, in der gesellschaftlichen Praxis einbetonierte geschlechtsspezifische Zuweisungen (also *gender*) zurückzuweisen, die eigentlich wenig damit zu tun haben, wie jemandes Körper ausschaut und funktioniert? Wird im Gegenteil der unveränderbare Körper nicht meist als Vorwand dafür herangezogen, soziale Praxis nicht verändern zu können?

Ein gutes Beispiel dafür ist die Aufteilung der Kinderbetreuung und die Inanspruchnahme von Elternkarenz: Die Hindernisse für eine gerechtere Aufteilung der Betreuungsarbeit liegen nicht in den geschlechtsspezifischen körperlichen Unterschieden, sondern an Gründen, die *gesellschaftlich produziert* und *diskursiv konstruiert* wurden: Einerseits gehen Männer aufgrund des drohenden Einkommensverlusts seltener in Karenz. Es wirken also konkrete finanzielle Anreizstrukturen, die auch staatlich gestaltbar sind (vgl. *Makroökonomie und Geschlechterverhältnisse*). Andererseits werden Phantasien über Geschlechterrollen in Medien und am Stammtisch wie beim Kaffeekränzchen wiederholt, wie etwa dass die Kinder die Mutter brauchen und Männer besser nur am Wochenende mit den Kindern Fußball spielen. Hier wirken sprachlich-diskursive Praktiken, mit denen Geschlechterdifferenz und Geschlechterbeziehungen verstetigt werden.

Demnach ist die gesellschaftliche, kulturelle und diskursive Konstruktion von Weiblichkeit und Männlichkeit und die daraus resultierenden, festgefahrenen Verhaltensweisen und Beziehungsmuster viel resistenter gegenüber Veränderungen von Geschlechterhierarchien als die Wirkmächtigkeit des biologischen Geschlechts. Und um noch einen Schritt weiterzugehen: Sind der Körper und seine Sexualität nicht vieldeutiger, als das sozial und diskursiv konstruierte Geschlecht und das darauf beruhende Geschlechterverhältnis es zulassen? Unter welchen Umständen ist eine Frau eine Frau? Ist sie eine Frau, wenn sie keine Kinder gebären kann? Ist sie eine Frau, wenn sie keine Brüste hat? Ist sie eine Frau, wenn sie ein Mann sein will? *Gender* überlagert und bestimmt also sogar das biologische Geschlecht: Es rechtfertigt zwei Geschlechter, die im herrschenden Diskurs von Sexualität auch noch heterosexuell sein sollen (vgl. Eisenstein 2009).

Wie kann nun eine bestimmte Auslegung von *gender* und deren Vormachtstellung, eine bestimmte Lesart von geschlechtlichen und sexuellen Identitäten oder gar das gesamte System der Zweigeschlechtlichkeit und der Heteronormativität aufgebrochen, gar unterlaufen werden? Wie und wodurch kann sich die Bedeutung von sozialem und kulturell-diskursivem Geschlecht verändern? Und wie veränderbar ist die Kategorie *gender* wirklich? *Existieren* Geschlechtsidentitäten überhaupt oder sind sie Phantasmen? Bei der Beantwortung dieser Fragestellungen scheiden sich die feministischen Geister: Die einen (KonstruktivistInnen) interpretieren Geschlechterdifferenz und Geschlechterbeziehungen als Resultat von sprachlich-diskursiven Verfahren, welche durch die Parodie der symbolischen Bedeutungen von Männlichkeit und Weiblichkeit verändert werden können; die anderen (MaterialistInnen) gehen von den sozialgeschichtlichen Entstehungsprozessen von Geschlechtsidentitäten, sozialen Ungleichheiten und gelebten Erfahrungen der Menschen aus. An diese Debatten knüpft auch unser Verständnis von *gender* und unser Gebrauch der Kategorie Geschlecht für die feministische Ökonomie an.

An der eigenen Geschlechtszugehörigkeit bauen: die KonstruktivistInnen

Für KonstruktivistInnen gibt es keine „Essenz“ von Weiblichkeit oder Männlichkeit, der verschiedene Eigenschaften und – wenn auch historisch entstandene – Verhaltensweisen zugeordnet werden können. Denn erstens unterliegen Geschlechts*zuschreibungen* historischer und kultureller Veränderbarkeit. Jede Epoche und jede Kultur hat ihre eigenen Ideen über Männlichkeit und Weiblichkeit. Und zweitens werden Geschlechtszuschreibungen erst im Zuge gesellschaftlicher Diskussionen darüber, ob ein bestimmtes Aussehen, bestimmte Tätigkeiten oder Verhaltensweisen für Frauen, Männer und andere Menschen *normal* sind, erzeugt und in der Folge verfestigt. Wir sind also nicht geprägt von geschlechtsspezifischen Zuschreibungen, sondern wir performen lediglich visuelle und gedankliche Ideen über Geschlechtszugehörigkeiten und Geschlechterverhältnisse.

Aus dieser Perspektive ist es für die feministische Ökonomie interessant zu fragen, wie Geschlechtszugehörigkeit etwa in

Arbeitsprozessen entsteht (vgl. Boudry/Kuster/Lorenz 2000). Ausschlaggebend für konstruktivistische feministische Ökonominnen ist nicht nur, welche Tätigkeiten Männer oder Frauen ausüben (inklusive der daraus resultierenden Einkommensunterschiede), sondern auch wie sie Tätigkeiten ausüben, wie sie deren Ausübung rechtfertigen und welche symbolischen Bedeutungen von Männlichkeit und Weiblichkeit im Kontext einer heterosexuellen Geschlechterordnung dabei reproduziert werden. Das Bestehen einer geschlechtsspezifischen Arbeitsteilung ist nicht nur Folge von Systemzwängen und historisch und gesellschaftlich entstandenen Strukturen, sondern resultiert auch aus den eigenen Wünschen und dem Begehren, eine bestimmte Arbeit auf eine bestimmte Weise ausführen zu wollen und dabei auch anderen zu gefallen. Wir entkommen der geschlechtsspezifischen Arbeitsteilung nicht nur deswegen nicht, weil sie uns als abstraktes Macht- und Herrschaftsverhältnis gefangen hält, sondern auch deshalb, weil wir sie Tag für Tag mit herstellen wollen. Der „Wille" ist dabei stark damit verbunden, in die zweigeschlechtliche, heterosexuelle Ordnung des Arbeitsmarkts und in traditionelle Familienmodelle hineinzupassen (vgl. Fortin 2005). Nehmen wir wiederum die Elternkarenz als Beispiel: Selbstverständlich ist der Einkommensverlust des Haushalts, der sich aus der Karenzierung des Vaters ergibt, ein absolut wichtiger materieller Grund, warum mehr Frauen als Männer in Karenz gehen. Doch auch wenn dieser Unterschied nicht vorhanden ist, gibt es andere „Gründe", weswegen Frauen sich öfter um Kind und Haushalt kümmern als Männer: das Gerede vom notwendigen Stillen oder die weiblichen Ansprüche an einen sauberen Haushalt oder die angeblich größere Fürsorglichkeit von Müttern sind Ergebnisse eines vorherrschenden Diskurses, der „Geschlechtercharaktere formt" und den wir fröhlich mitbedienen. Gleichzeitig werden alternative Haushalts- und Familienmodelle (vgl. Badgett 1995), die jenen tradierten Vorstellungen neue Pfade gesellschaftlicher Arbeitsteilung vorleben, strukturell und konkret diskriminiert, oftmals desavouiert oder manchmal neidvoll betrachtet.

Sind die PerformerInnen von Geschlechtsidentitäten durch die ständige Reproduktion bestimmter Rollen und Tätigkeiten, die sie annehmen und nicht zersetzen, nun mitverantwortlich für die ökonomische Ungleichheit, mit der sie sich konfrontiert sehen? Liegt der Knackpunkt für Veränderungen von Geschlechterverhältnissen wirklich darin, wie wir diese repräsentieren? Wenn wir alle lediglich (mit)spielen und auf diese Weise sich Ideologie und Phantasmen materialisieren, stellt sich uns die Frage, wo die materialistisch-strukturelle Komponente des Geschlechterverhältnisses als auch anderer Ungleichheitsdimensionen bleiben. Welche
Bedingungen einer politischen Ökonomie liegen der Performance zugrunde? Der folgende Abschnitt wird diesen Fragen Antworten materialistischer Feministinnen entgegenhalten.

Auf die Materialität des Lebens achten: die materialistischen Feministinnen

Materialistische Feministinnen sehen die postmoderne Wende des Feminismus, der das Geschlechterverhältnis als Performance entmaterialisierte und es verabsäumt, gelebte Erfahrungen sozioökonomischer Ungleichheit in den Blick zu nehmen, kritisch (vgl. Barker 2005, 2191–2193). Nancy Fraser (2009a) analysiert in einem kontrovers rezipierten Artikel die Entwicklung und historische Bedeutung der Zweiten Frauenbewegung und der feministischen Theoriebildung im Kontext veränderter kapitalistischer Rahmenbedingungen. Sie hält fest, dass feministische Wünsche nach ökonomischer, kultureller und politischer Geschlechtergerechtigkeit vor dem Hintergrund eines vergangenen staatszentrierten und keynesianisch orientierten Kapitalismus anders zu interpretieren wären als in der neoliberalen Ära. In der Forderung nach höherer Arbeitsmarktpartizipation von Frauen etwa überschneiden sich aktuelle wirtschaftspolitische Anforderungen an den Arbeitsmarkt, die Frauenerwerbstätigkeit egal unter welchen Umständen zu erhöhen, mit Zielformulierungen der Zweiten Frauenbewegung. Ein Job im abgesicherten Staatsdienst ist jedoch nicht gleichzusetzen mit einem Job im stark zunehmenden Niedriglohnsektor der Versorgungsökonomie. Zugleich parallelisiert Fraser den Aufstieg des Neoliberalismus mit einer veränderten Schwerpunktsetzung in feministischer Theorie und Praxis: „In der Praxis tendierten Feministinnen dazu, sozioökonomische Kämpfe Kämpfen um Anerkennung unterzuordnen, während in der akademischen Debatte die feministische Kulturtheorie begann, die feministische Sozialtheorie in den Schatten zu stellen.“ (Fraser 2009a, 108, eigene Übersetzung) Diesen Paradigmenwechsel in feministischer Theorie und Praxis vom Ökonomismus zum Kulturalismus erachtet Fraser als fatale und traurige Fehlentwicklung. Anstelle dessen fände sie eine Zusammenführung von kapitalismuskritischen und anti-essentialistischen Ansätzen, die sowohl die sozioökonomischen Bedingungen von (Re-)Produktion als auch Identitätspolitiken kritisch betrachten, fruchtbarer.

Die ökonomische Dimension bzw. die Beschaffenheit der politischen Ökonomie ist aus einer materialistischen Perspektive zentral, um Kategorien wie *gender* oder *race* und daran anknüpfende gesellschaftliche Machtverhältnisse zu verstehen und letztendlich zu dekonstruieren. Als Beispiel sei angeführt, wie sich einerseits Familienformen – als wesentliche Alltagspraxis gelebter Geschlechterverhältnisse – veränderten und andererseits die zumindest rechtliche Disqualifizierung und Verfolgung von sexistischer, homophober und rassistischer Diskriminierung wirksam wurden. Beide gesellschaftlichen Entwicklungen trugen allerdings wenig zur Nivellierung sozioökonomischer Ungleichheiten bei.

Familienmodelle haben sich in den letzten Jahrzehnten eindeutig diversifiziert, sind „fluid“ geworden. So gibt es heterosexuelle Familien, AlleinerzieherInnen, homosexuelle Familien in vielfältiger ethnischer Zusammensetzung – wenn sie auch, abhängig vom nationalstaatlichen Kontext, teilweise nicht mit den gleichen Rechten wie die patriarchale Kleinfamilie ausgestattet sind. Der gelebte Alltag vieler Familien richtet sich nicht nach dem Vater-Mutter-Kind-Schema, und alternative Familienformationen werden ebenso als „normal" betrachtet. Gleichzeitig wurde auch auf gesetzlicher Ebene gegen Rassismus, Homophobie und Sexismus in der Arbeits- und Alltagswelt vorgegangen und für rechtliche Gleichstellung gekämpft. Diskriminierung aufgrund des Geschlechts, der sexuellen Orientierung oder der ethnischen Zugehörigkeit ist in vielen Ländern verboten. Theoretisch können nun auch alle anderen denn der weiße, heterosexuelle Mann in politische und ökonomische Sphären vordringen, die ihnen bis vor Kurzem verschlossen waren. Das ist die eine erfolgreiche Bilanz der feministischen, Lesben- und Schwulen- und antirassistischen Bewegung.

Nichtsdestotrotz entstanden neue und wiederum geschlechtsspezifisch und ethnisch segregierte Hierarchien auf Basis von veränderten Klassenverhältnissen: Mittelschichtsfamilien jeglicher Hautfarbe oder ethnischen Herkunft und Zusammensetzung, deren Mitglieder es schafften, ökonomisch und beruflich erfolgreich zu sein, beschäftigen für die Sauberhaltung ihres eigenen Haushalts meist migrantische Frauen aus der Arbeiterklasse. Für diese Arbeiterinnen, die die Reproduktion ihrer eigenen Familien in allen möglichen notwendigen Konstellationen – etwa als transnationale Familien – bewerkstelligen, ist die Teilhabe in der Erwerbssphäre jedoch einfach nur ein Job zum Überleben und weniger eine Erfolgsstory. Zwar mögen sich die Vorstellung, der vorherrschende Diskurs, der individuell-rechtliche Anspruch und teilweise die gelebte Praxis davon ändern, wie sich Familien zusammensetzen und wer theoretisch welcher Arbeit nachgehen kann und will. Einige schaffen es, ihre Ideen über Geschlechtszugehörigkeiten neu zu formen und tatsächlich anders zu leben. Gleichzeitig stellen sich die folgenden Fragen: Welche Auswirkungen haben die Anerkennung alternativer Lebensformen und das neoliberale Versprechen auf Erfolg unabhängig von persönlichen Identitätsmerkmalen auf eine Arbeitsumverteilung zwischen unbezahlter und bezahlter Arbeit? Auf die Verteilung von gut bezahlter und schlecht bezahlter Arbeit? Oder auf eine monetäre Umverteilung zwischen Vermögenden und Besitzlosen? Bis dato: keine strukturell einschneidenden Auswirkungen. Im Gegenteil verstärkten sich sozioökonomische Ungleichheiten auf vielen Ebenen – denn der globale Kapitalismus beruht auf ihnen.

Chandra Talpade Mohanty stellt den Zusammenhang *globaler* ökonomischer Ungleichheit mit einer ungerechten, aber lokal

durchaus diversen Geschlechterordnung in den Vordergrund. 1986 verfasste sie den viel rezipierten Text *Under Western Eyes*, der den Eurozentrismus und bürgerlichen Humanismus westlicher feministischer Wissenschaft kritisierte. Mohanty plädierte darin für eine (akademische und politische) Aufmerksamkeit gegenüber den Mikropolitiken, der Subjektivität und den Kämpfen von Frauen im globalen Süden. Gleichzeitig – und das betonte sie nochmals ausdrücklich in einer Revision ihres Textes 17 Jahre später – ist es notwendig, das alltäglich Erlebte sowie die vergeschlechtlichten Zusammenhänge und Ideologien des Lokalen *mit den Rahmenbedingungen des globalen Kapitalismus und politischer Systeme in einer materialistischen Analyse zu verbinden* (Mohanty 2003, 501, 504). Dieser Aufruf war einerseits eine Replik auf kulturrelativistische Interpretationen ihres Textes durch feministische Wissenschaftlerinnen und ist andererseits den „brutaler gewordenen ökonomischen und politischen Prozessen des globalen Kapitalismus geschuldet, der Ungleichheiten aufgrund der ökonomischen Lage, des Geschlechts oder der ethnischen Zugehörigkeit/*race* ausnutzt und verstärkt“ (ebd., 509). Es geht darum, die tatsächlichen und konkreten Effekte globaler kapitalistischer Restrukturierung und Rekolonialisierung auf Frauenkörper (etwa als Leihmütter) und Frauenarbeit im globalen Süden als auch im globalen Norden zu

thematisieren und aufzudecken. Diese Prozesse betreffen nicht nur die Sphäre des Marktes, sondern ebenso jene der Haushaltsökonomie, des informellen und öffentlichen Sektor (vgl. Dunaway 2014). Der Zugriff auf schlecht bezahlte Fabriks- und Dienstleistungsarbeit von Frauen als Teil globaler Wertschöpfungsketten beutet ihre körperlichen, geistigen und psychischen Kräfte aus (vgl. Bair 2010). Und auch die Bewältigung des durch Strukturanpassungspolitiken und durch die Auflösung von auf Eigenbedarf ausgerichteten Landwirtschaften sich verändernden Alltags lastet auf ihnen: „Frauen mit ihren Körpern und ihrer Arbeitskraft sind abermals wichtige Komponenten der Erzeugung und Aufrechterhaltung der Welt-Infrastruktur geworden" (Eisenstein 2009).
Wie „diskursiv konstruierte Geschlechtercharaktere" dieser neuen und alten internationalen Arbeitsteilung, die auf der Nutzung der Arbeitskraft und des Körpers von Frauen beruht, entkommen (können), bleibt uns zumindest ein Rätsel. Eine Parodie althergebrachter Geschlechterperformances allein reicht wohl nicht aus für eine materielle Umwälzung ökonomischer und politischer Verhältnisse, die Männer und Frauen unterschiedlich gefangen hält.

Eine Versöhnung?

Zum Schluss, jedoch nicht abschließend, stellt sich uns die Frage, wie wir mit diesen leidigen Kategorien umgehen, die wir zur Kritik des Status quo bestehender Arbeits-, Verteilungs- und Geschlechterverhältnisse heranziehen. Der Unterscheidung zwischen den Geschlechtern liegt die dichotome Kategorisierung von Geschlecht und Heteronormativität zugrunde: Es gibt Frauen und Männer und die „Normalität" von Heterosexualität in Haushalten und Familien als ökonomische Einheiten. Jedoch verschiebt sich selbstverständlich die Bedeutung von Geschlechterverhältnissen im gesellschaftlichen Diskurs ständig und die gelebten Praxen von alternativen Lebensmöglichkeiten erweitern sich (vgl. Badgett 1995). Wie fragil, überschreitbar und nichtuniversal das Reglement der Zweigeschlechtlichkeit ist, kann sehr beeindruckend an der Vielfältigkeit von Geschlechtszugehörigkeiten in Regionen des globalen Südens gezeigt werden (etwa der Hirjas in Indien oder der Travestis in Brasilien, Hacker 2005, 198–199). Auch ist die ökonomische Realität von Haushalten des globalen Südens häufig eine andere als die des Paares mit Kindern als einzige zu versorgende Familienmitglieder. Sie beinhaltet ein breites Spektrum alleinerziehender Frauen, großfamilialer und erweiterter Konstellationen mit verästelten Abhängigkeits- und Machtbeziehungen. Migration und transnationale Haushalte spielen hier eine immer größere Rolle (Wichterich 2013, 68; Charusheela/Zein-Elabdin 2003).

Wir stecken also in einem feministischen Dilemma. Wir müssen die (international!) ungleichen Lebensrealitäten (von Menschen) anerkennen, sie mit Kategorien sichtbar machen und versuchen, sie unmittelbar zu bekämpfen. Gleichzeitig laufen wir Gefahr, dadurch diese Position von „Frauen" oder MigrantInnen oder Lesben zu manifestieren bzw. die Komplexität von sozialen Verhältnissen, in denen Menschen leben, herunterzuspielen. Dem konstruktivistischen Feminismus ist es zu verdanken, „das illusionäre Moment feministischer Identitätspolitik" (Becker-Schmidt/Knapp 2007, 93) mehr als zu verdeutlichen, indem er den performativen Charakter von Geschlechtsidentität ins Zentrum feministischer Theorie und Praxis rückte. Aber wo bleibt dabei die Kritik der politischen Ökonomie?

Drucilla Barker (2005, 2195–2196) macht in einem Versuch der Versöhnung zwischen materialistischen und postmodern-konstruktivistischen feministischen Ökonominnen die praktikable Unterscheidung zwischen *gender* als konzeptionelle und als empirische Kategorie: *Gender* als *konzeptionelle* Kategorie befasst sich mit den symbolischen und konzeptionellen Systemen, mit denen Männlichkeit und Weiblichkeit assoziiert werden, in denen Geschlechterverhältnisse entstehen und weiterbestehen. Als *empirische* Kategorie geht es darum, die Beziehungen zwischen Frauen und Männern in Bezug auf die geschlechtsspezifische Arbeitsteilung, die Verteilung von Ressourcen und Einkommen zu analysieren. Hier ist Geschlecht Träger von gesellschaftlichen Strukturen und das Geschlechterverhältnis zentral für den Einschluss und Ausschluss von „Frauen“ und „Männern“ in gesellschaftliche Institutionen. Wenn empirische Kategorien aufgelöst würden, bestünde keine Möglichkeit mehr, strukturelle Unterschiede zwischen ihnen zu beschreiben. Die Auswertung von Statistiken nach dem Geschlecht macht Unterschiede zwischen Männern und Frauen sichtbar. Wir wollen wissen, wie hoch die Pensionsleistungen aus der Sozialversicherung an Frauen und Männer, an Migrantinnen und Migranten sind. Zugleich werden damit soziale Kategorien reproduziert: Migrantinnen sind arme Pensionistinnen – was klarerweise nicht immer der Fall ist. Strukturelle Unterschiede sichtbar zu machen, ist notwendig. Ansonsten blieben sie unter dem Deckmantel des „strategischen Schweigens“, hinter dem sich bestehende Macht- und Ausbeutungsmechanismen verstecken können.

Auszugehen ist jedenfalls von sozioökonomischen Differenzen unter Frauen, die sich in unterschiedlicher Verteilung materieller Ressourcen, aber auch in unterschiedlicher Anerkennung, Rechtsausstattung und Repräsentationsmöglichkeit in einer Gesellschaft manifestieren (Fraser 2009b). Denn nach wie vor (oder gar in immer größerem Ausmaß) befinden wir uns in einem gesellschaftlichen System, das von materieller Ungleichheit geprägt ist – und davon lebt. Aus der Perspektive der praktischen Umsetzung feministischer Forderungen nach Lohngleichheit oder geschlechtergerechter Arbeitsteilung bleibt eine „alternative Geschlechterperformance“ in ihrer gesamtgesellschaftlichen Bedeutung und emanzipatorischen Wirkung beschränkt, wenn sie die Bühne der politischen Ökonomie ignoriert.

Nutzen! Optimieren!

Der homo oeconomicus und sein Erbe

Vorliegendes Kapitel rekapituliert eine lange währende Auseinandersetzung mit den konzeptionellen Bausteinen und der Praxisrelevanz eines bestimmten Paradigmas der Ökonomie – der Neoklassik. Ein zentrales Standbein der neoklassischen Theoriebildung ist das Konzept des homo oeconomicus, das im Rahmen dieses Kapitels systematisch aufgearbeitet wird. In einem ersten Schritt soll „der Geburt" und den Besonderheiten des homo oeconomicus im Kontext der neoklassischen Theoriebildung auf den Grund gegangen werden. In einem zweiten Schritt werden den theoretischen Annahmen folgende Weiterentwicklungen der Neoklassik (New Home Economics und Bargaining Ansätze) kurz dargestellt. Beide Betrachtungsschritte werden im Hinblick auf ihre geschlechtsspezifische Implikationen und Kritik diskutiert.

Trotz nachhaltiger und fundamentaler Kritik am neoklassischen Paradigma, die nicht nur aus feministischer Perspektive geübt wurde, ist es nach wie vor der dominante Zugang zur Erklärung und zur Interpretation ökonomischer Zusammenhänge im Rahmen der Wirtschaftswissenschaften. Diese Ideen verweilen allerdings nicht nur im Elfenbeinturm der Wirtschaftswissenschaften, sondern zeitigen konkrete wirtschafts- und sozialpolitische Auswirkungen. Im letzten Abschnitt dieses Kapitels wird der Zusammenhang zwischen dem neoklassischen Theoriegebäude und seiner wirtschaftspolitischen Fortsetzung im Neoliberalismus erläutert.

Die Neoklassik als Homebase des homo oeconomicus

Die Neoklassik ist in den 1870er-Jahren als neues theoretisches Paradigma der Wirtschaftswissenschaften entstanden. Als Begründer dieser Theorietradition sind William S. Jevons (England), Carl Menger (Österreich) und Léon Walras (Frankreich) zu nennen, die – zeitgleich, aber unabhängig voneinander – den subjektiven Nutzen und Grenznutzen (oder marginalen Nutzen) als Grundlage von Wert, Tauschbeziehungen und des gesamten ökonomischen Systemaufbaus machten. Und sie beruhte auf den Verhaltensannahmen eines bestimmten Menschenbildes – nämlich des homo oeconomicus, der uns durch dieses Kapitel begleiten wird.

Die Politische Ökonomie der Klassik (zurückgehend auf Adam Smith, David Ricardo, John Stuart Mill) ging der Neoklassik als ökonomisches Paradigma voraus. Die Klassik betrachtete Wachstum, die Vermehrung von Wohlstand und die Verteilung desselben unter den Klassen, als Ausgangspunkt von Überlegungen zur Ökonomie. Das Verhalten kollektiver AkteurInnen, das heißt Klassen (Grundbesitzer, ArbeiterInnenschaft, Kapitalisten, Bauern etc.), ihre sozialen Beziehungen inklusive Ausbeutungsbeziehungen wurden als ausschlaggebend für die Anhäufung (Akkumulation) von wirtschaftlichem Reichtum und für dessen Verteilung eingestuft. Die zentrale Frage war, wie der Wohlstand der Nationen – so auch der Titel von Adam Smiths berühmtem Werk – zu erklären sei. Die Neoklassik trat an, den Blick von der Makroökonomie auf die Mikroökonomie zu richten: Was passiert auf Märkten? Wie entstehen Preise? Welche Rolle spielen Individuen und ihre Entscheidungen? Unter welchen Umständen kaufen oder verkaufen sie Waren? Fragen, auf die die Klassik nur unzureichende Antworten gefunden hat. In der neoklassischen Auffassung von Ökonomie schließlich lösen sich Klassen in lauter einzelne Individuen, einer Ansammlung von homines oeconomici auf. Eines der Fundamente der Neoklassik bildet somit der sogenannte „methodologische Individualismus", womit der politische und kollektive Charakter von Ökonomie wegfällt.

Obwohl die Grundideen der Neoklassik bereits in den 1870er-Jahren gelegt wurden, gelang der Durchbruch, die Entfaltung und Ausbreitung der Neoklassik, erst zwei Jahrzehnte später. Die Gründe für die Verzögerung bis zur Durchsetzung der Theorie liegen in der damaligen politischen und ökonomischen Situation und ihrer wissenschaftlichen Interpretation (Screpanti und Zamagni, 2001). Einerseits artikulierte die ArbeiterInnenschaft u. a. unter Bezugnahme auf Analysen des Marxismus und der Arbeitswertlehre kollektive politische Forderungen, die sich gegen die zunehmend herrschenden kapitalistischen Verhältnisse richteten. Andererseits lieferten die Neoklassiker mit ihrer subjektiven Wertlehre und Grenznutzenlehre sowie der Vorstellung, dass Marktpreise von der – angesichts unendlicher Bedürfnisse notwendigen – Knappheit der verfügbaren Güter bestimmt werden, eine Rechtfertigung für die Effizienz des bestehenden Systems des Kapitalismus.[19]

Die subjektive Wertlehre und Grenznutzenlehre stellen die Bedürfnisse und Wertschätzungen des Individuums („subjektiv") in den Mittelpunkt ökonomischen Handelns, dessen Zufriedenheit mit jeder zusätzlichen Einheit („marginale Einheit" oder „Grenzeinheit"), die er von einem Gut konsumiert, abnimmt. Das erste Eis des Sommers verschafft mir großen Genuss, nach dem zehnten Eis des Tages ist mir wahrscheinlich schlecht. Der Wert einer Ware leitet sich in der Theoriebildung der Neoklassik vom subjektiven Nutzen, der aus dem Kauf und Gebrauch der Ware gezogen wird, ab. Das ist das Nutzenkalkül der Konsumen-

19 Für eine Zusammenschau der wichtigsten formalen Konzepte und Grundsätze der Neoklassik siehe Jacobson 2007, 22–31; Bofinger 2011, Teil I; Fessler/Hinsch 2011, Kapitel 1, Jäger/Springler 2012.

tin oder des Nachfragers. Das Nutzenkalkül des Produzenten oder der Anbieterin liegt in der Maximierung von Gewinn.

Der Preis einer Ware bildet sich im Austauschprozess zwischen den NachfragerInnen und AnbieterInnen von Waren am Markt. Der Preismechanismus sorgt dafür, dass die Verkaufspläne der AnbieterInnen und die Kaufpläne der NachfragerInnen durch Handel zur Übereinstimmung kommen. Dabei bildet sich der sogenannte Gleichgewichtspreis, zu dem die NachfragerInnen bereit sind, alle angebotenen Güter zu kaufen, und die AnbieterInnen bereit sind, alle Güter zu verkaufen. Dem Funktionieren dieses Marktmechanismus gehen zumindest die folgenden Vorannahmen voraus: 1) Keine der MarktteilnehmerInnen ist groß genug, um eine marktbeherrschende und marktpreisbestimmende Stellung einzunehmen, es herrscht freier Wettbewerb; 2) die MarktteilnehmerInnen besitzen vollständige Information und Transparenz über das Marktgeschehen; 3) alle Kosten und Nutzen, die in einem Markt entstehen, bilden sich im Marktpreis ab; 4) es gibt keine Probleme mit der Geldversorgung. Schließlich 5) – damit wären wir beim homo oeconomicus in marktwirtschaftlicher Aktion – fällen autonome AkteurInnen mit festen Präferenzen und gegebenen Ausstattungen zum Zwecke des Tausches von Gütern oder Arbeitsdienstleistungen rationale Entscheidungen über den Einsatz von knappen Ressourcen. Rationalität im Sinne der Neoklassik bedeutet vor allem, dass Wahlhandlungen von Individuen konsistent sind, sie die Konsequenzen ihrer Entscheidungen abschätzen können und ihre subjektiv begründeten Präferenzen sich nicht plötzlich (beeinflusst durch Umgebung, Familie, FreundInnen, Werbung, Arbeitsplatz oder sonstigen Faktoren) verändern können. Jedoch ist der homo oeconomicus flexibel genug, sein Verhalten und seine Entscheidungen an sich verändernde Bedingungen des Marktes anzupassen (Stiglitz 2011, 315–320; Jacobson 2007, 12–13). Kurz zusammengefasst, ist der homo oeconomicus rational in seinem Entscheidungsverhalten, er besitzt alle Informationen, die er für seine Wahlentscheidungen braucht, handelt autonom und wird geschlechtslos – jedoch implizit männlich – gedacht. Mit dieser Ausrüstung optimiert der homo oeconomicus seinen ökonomischen Nutzen – immer, überall und für alle Zeiten.

Kritikpunkte: Verteilung, Entlohnung, Markttransparenz und rationale Entscheidungen

Einwände gegen die wesentlichen Grundannahmen der Neoklassik – „der heiligen Dreifaltigkeit von Rationalität, Gier und Gleichgewicht" (Stockhammer/Ramskogler 2009, 336) – wurden

vonseiten der heterodoxen, (post-)keynesianischen und feministischen Ökonomie formuliert. Als Beispiele gemeinsamer Kritikpunkte seien die Auseinandersetzung 1) mit der (gerechten) Verteilung über den Markt, 2) mit der Begründung von unterschiedlicher Entlohnung, 3) mit der Annahme der Markttransparenz und vollständigen Information aller MarktteilnehmerInnen angeführt. Abschießend 4) wird auch auf die gemeinsame Kritik an der Annahme der Rationalität von menschlichen Entscheidungen verwiesen.

1) Die neoklassische Vorstellung von Ökonomie ist die einer Tauschwirtschaft zwischen gleichberechtigten homines oeconomici, die mit festen Präferenzen und gegebenen „Ausstattungen" mit Gütern auf den Markt treten, um diese dann auszutauschen. Wenn Markttransaktionen (Tausche) letztendlich keine Marktteilnehmerin mehr besser stellen können, ohne einen anderen schlechter zu stellen, befindet sich die Ökonomie im Gleichgewicht. Tauschen braucht man dann nicht mehr, da das Verteilungsoptimum (die sogenannte Pareto-optimale Verteilung) erreicht ist. Dieser Schluss soll an einem einfachen Beispiel erläutert werden: Frau Adam bekommt 30 Äpfel, Herr Binder 30 Nüsse geschenkt. Herr Binder ist aber auf Nüsse allergisch. Pareto-optimal ist die Verteilung der Äpfel und Nüsse zwischen Frau Adam und Herrn Binder

dann, wenn Frau Adam alle Nüsse einheimst, ohne Herrn Binder Äpfel abzugeben. Denn Herrn Binders Position verschlechtert sich nicht, wenn er alle Nüsse abgibt, hingegen verschlechtert sich Frau Adams Position, wenn sie auf nur einen Apfel, den sie genauso liebt wie eine Nuss, verzichtet. Abgesehen wird bei diesem Verteilungsoptimum von den Voraussetzungen (etwa die Allergie des Herrn Binder), unter denen MarktteilnehmerInnen in den Markt eintreten, denn diese werden „exogen" gegeben. Was „exogen", also außerhalb des Marktgeschehens passiert, mag zwar rätselhaft oder ungerecht sein, bleibt aber unhinterfragt. So kann sich eine Pareto-optimale Verteilung auch einstellen, wenn sie die MarktteilnehmerInnen extrem ungleich mit Waren und Ressour-
cen ausgestattet zurücklässt. Die Verteilungsgerechtigkeit gerät in der Neoklassik also aus dem Blickwinkel ökonomischer Theoriebildung.

2) Genauso unterbelichtet bleiben die Bedingungen – seien es die Arbeitsbedingungen oder die technologischen Bedingungen – von Produktionsprozessen. Für die Bedingungen der Produktion sind etwa die Lohnkosten von entscheidender Bedeutung: Die Neoklassik begründet die individuelle Lohnhöhe (Preis der Ware Arbeitskraft), die ein Arbeitgeber zu zahlen bereit ist, mit dem Beitrag der Arbeitskraft für das gesteigerte Output des Unternehmens. Gleichzeitig gilt: Je knapper der Arbeitskräftepool, aus dem z. B. leitende Angestellte rekrutiert werden können, umso höher sollte deren Lohn sein. Mit der Warnung, „die besten Köpfe gehen ansonsten zur Konkurrenz", wurden in den USA in den letzten 35 Jahren exorbitante Gehälter von ManagerInnen legitimiert (aber nicht begründet). Aus dieser Logik lässt sich für den beträchtlichen Anstieg von Managementgehältern und das Stagnieren oder gar Sinken aller „anderen" Löhne folgern: Die ArbeiterInnen waren fauler und die ManagerInnen waren tausendmal so fleißig oder „produktiv". Kann die Grenzproduktivität der Arbeit der ManagerInnen, also ihr Beitrag für das Wohlergehen

des Unternehmens, um soviel höher als der der ArbeiterInnen auf den unteren Hierarchiestufen sein (vgl. Stiglitz 2011, 2013)? Die Antwort ist schlicht und einfach: nein.

3) Der dritte hier angeführte Kritikpunkt bezieht sich auf die unterstellte vollständige Markttransparenz und Information der MarktteilnehmerInnen. Dagegen wird vorgebracht, dass es Informations*asymmetrien* unter MarktteilnehmerInnen gibt, die zu unvollständigem Wettbewerb und zu Marktungleichgewichten führen. Mit anderen Worten: Es gibt immer eine Hierarchie der MarktteilnehmerInnen, von denen einige über Informationsvorsprünge verfügen oder sich diese verschaffen und die dadurch entstehende „Marktmacht" auch nutzen. ProduzentInnen wissen besser Bescheid über die Eigenschaften ihrer Produkte als KonsumentInnen. Unternehmen wenden sehr große Summen auf, um Informationen über ihre zukünftigen ArbeitnehmerInnen oder über das Verhalten potentieller KundInnen zu erhalten. Informationsvorsprünge oder die unzureichende Information von MarktteilnehmerInnen verhindern einen gleichberechtigten Austausch auf dem Markt.

4) Gemeinsame Kritik wurde auch am Menschenbild und den Verhaltensannahmen des homo oeconomicus geübt: Heterodoxe und feministische ÖkonomInnen wiesen darauf hin und bewiesen, dass „sich Menschen oft nicht rational verhalten (…), auf irrelevante Details achten, in ihren Entscheidungen irrelevante Informationen berücksichtigen und (…) zur Kooperation bereit sind." (Stockhammer/Ramskogler 2009, 337) Viele Kritiken an der Neoklassik fielen auf fruchtbaren Boden, dementsprechend differenzierten sich neoklassische Theoriestränge aus, entwickelten sich weiter und inkorporierten die Kritikpunkte in ihre Modelle. Nichtsdestotrotz bleibt etwa optimierendes Verhalten von MarktteilnehmerInnen bis heute ein wesentlicher Baustein für das Verständnis der Funktionsweise von Ökonomie in der Neoklassik (ebd., 338). Jenes optimierende Verhalten von Individuen, das sie

als ökonomische Akteure an den Tag legen, geht auf die Idee des homo oeconomicus zurück.

Der homo oeconomicus aus feministischer Perspektive

Die Überlebensgeschichte von Robinson Crusoe und seinem Sklaven Freitag von Daniel Defoe aus dem Jahr 1719 wird in ökonomischen Lehrbüchern oftmals als Illustration des homo oeconomicus herangezogen: Unter Bedingungen von Knappheit an Ressourcen auf einer einsamen Insel wägt Robinson Crusoe (R.C.) respektive der homo oeconomicus – als Gestrandeter allein und auf sich gestellt – ab, welche Konsum- und Produktionsentscheidungen er zu treffen hat. Im Auftritt von Freitag erscheint ein Austauschpartner, mit dem gehandelt und Arbeit geteilt werden kann, um ein optimales Produktionsergebnis zu erzielen. Ulla Grapard (1995) erzählt uns deren Story vor der Hintergrundfolie von Kolonialismus, primitiver Akkumulation, Ausbeutung und der Unsichtbarmachung von Frauenarbeit und Geschlechterverhältnissen. Von gleichem Tausch – wie ihn die Mainstreamökonomen in dieser Erzählung festmachen – kann unter dem Gesichtspunkt der Versklavung und ökonomischen Ausbeutung von Freitag keine Rede sein. Im Gegenteil, Freitag arbeitet hart *für* Robinson Crusoe, erledigt vornehmlich die Haushaltstätigkeiten und leistet ihm darüber hinaus auch noch Gesellschaft. Freitag repräsentiert Unterwerfung gegenüber dem Kolonisator R.C. und gleichzeitig das Private, Soziale, Kindliche und Schutzbedürftige gegenüber dem Pater familias R.C. Frauen sind sowohl in Defoes Erzählung als auch in deren Nacherzählung durch Ökonomen völlig abwesend. Somit steht die Art wie die „einsame Insel-Story" von den geschichtenerzählenden Ökonomen für die Konstruktion des homo oeconomicus herangezogen wird, symbolisch für die Theorietradition der Neoklassik: Koloniale Abhängigkeit, soziale Beziehungen und Unterwerfung sowie Arbeitsleistungen von Frauen werden ausgeblendet und sind nicht Teil des ökonomischen Referenzrahmens.

Seit Jahrzehnten ist das dem homo oeconomicus zugrundeliegende Menschenbild Gegenstand profunder Kritik von feministischen Wissenschafterinnen aus unterschiedlichen Disziplinen der Sozialwissenschaft – inklusive der Ökonomie (vgl. Maier 1993; Gardiner 2001; England 1993, 2003; Michalitsch 2004).

Im Folgenden sollen zwei wesentliche Kritikpunkte an den Grundannahmen des homo oeconomicus rekapituliert werden: Erstens hinterfragen wir die implizit zweigeschlechtliche Konzeption von Marktwirtschaft und der nicht Geld-vermittelten Ökonomie. Zweitens formulieren wir Kritik an der dem Individuum unterstellten Autonomie der Entscheidungen und an der Unab-

hängigkeit der Entstehung von Präferenzen, welche die Grundlage des Entscheidungsverhaltens bilden.

Ist der homo oeconomicus ein Mann?

Der homo oeconomicus ist eine abstrakte Idee und als solche geschlechtslos. Die ihm unterstellten Eigenheiten – rational abwägend, unabhängig, objektiv, egoistisch und Nutzen maximierend – werden aber gleichzeitig mit männlichen Eigenschaften assoziiert (England 1993, 2003). In engem Zusammenhang steht die Etablierung der Idee des homo oeconomicus als kleinste handelnde und entscheidende Einheit in der Ökonomie mit der Emanzipation des männlichen weißen bürgerlichen autonomen Subjekts aus feudalen Verhältnissen und mit der Entstehung des Kapitalismus (Habermann 2010): Der homo oeconomicus ist handlungsfähig durch die Möglichkeit, selbstbestimmt zu entscheiden; er ist vernunftfähig und autonom; er genießt Gleichheit vor dem Gesetz und besitzt die Möglichkeit, Verfügungsrechte geltend zu machen; und er ist männlich. Demgegenüber wird das Pendant des männlichen bürgerlichen Subjekts als das Weibliche imaginiert: emotional, abhängig, subjektiv, altruistisch und unkritisch. Diese Ideen über das „Männliche" und das „Weibliche" spiegeln sich in der Belebung der zwei Sphären – dem Markt und der Familie/dem

Haushalt – wider (England 2003, 33): In der außerökonomischen, familialen Dimension regiert das weibliche, auflösbare, altruistische Selbst. Dieses wird im Gegensatz zum Ökonomischen und Marktgeschehen, das mit dem Effizienten, Erfolgreichen, Kontrollierbaren und Optimierbaren gleichgesetzt wird, entworfen. Die beiden Sphären – die Welt des homo oeconomicus und die der Familie – existieren separat von einander und folgen unterschiedlichen Logiken des Handelns.

Mitte bis Ende des 19. Jahrhundert, in der Geburtsstunde des homo oeconomicus, wirkte diese Beschreibung und Zuteilung alles andere als befremdlich. Feministinnen und die feministische Ökonomie (wenn sie auch damals nicht so hieß) traten an,
sich theoretisch und praktisch gegen solche Männerphantasien zu wehren, Lebensrealitäten und Arbeitsbedingungen von Frauen ins Blickfeld der Ökonomie zu rücken und sie – sei es in der Sphäre des Marktgeschehens oder als Reproduktionsleisterinnen – sichtbar zu machen: Frauen waren damals ebenso Arbeiterinnen, wenn auch mit (bis heute) geringeren Löhnen. Ehefrauen wurden durch patriarchales Familienrecht an Erwerbsarbeit gehindert und für die unbezahlte Hausarbeit verfügbar gemacht; es war keine freiwillige „Spezialisierung". Die Sphäre der Familie und des Haushaltes gestaltete sich alles andere als lieblich und altruistisch, sondern war vor allem in armen und bäuerlichen Haushalten vom Überlebenskampf und in allen Familien von haushaltsinternen Verteilungskämpfen geprägt. Es ist den Auseinandersetzungen und Kämpfen von Frauenrechtlerinnen und Feministinnen geschuldet, dass sich die Zuweisungen nicht mehr so klar gestalten und Frauen der Ausbruch aus dem recht- und mittellosen Haushaltsdasein gelungen ist. Das konzeptionelle Zusammenführen der beiden Sphären und das analytische Aufdröseln der ihnen zugrunde liegenden Geschlechterverhältnisse als Machtverhältnisse war und ist immer noch ein wichtiger Beitrag der feministischen Ökonomie.

Vermeintlich autonom

Der homo oeconomicus wird als autonome Person konzipiert, als „separative self" (wörtlich übersetzt: abgetrenntes Selbst; England 1993, 2003), die unbeeinflussbar von sozialen Einflüssen und emotional ungebunden ist. Sie wählt unabhängig und rational zwischen Alternativen und weiß, was sie begehrt. Sie hat klare Präferenzen und zögert nicht aus Unentschlossenheit. Sie ist einfach da und agiert – geboren, erzogen, ernährt und ausgestattet mit rationalem Entscheidungsverhalten und festen Präferenzen – prototypisch. Im ökonomischen Handeln der Individuen auf dem Markt gibt es in der neoklassischen Analyse kein soziales

Verhalten, keine Einbettung menschlichen Verhaltens in gesellschaftliche Zusammenhänge und keine Macht- und Herrschaftsverhältnisse. Es mutet seltsam an, diese Eigenschaften und Verhaltensweisen als der Natur des Menschen zugehörig zu erklären, und seine Konstruktion klingt recht realitätsfern.[20] Dementsprechend ist die Kritik daran naheliegend (Nelson 1993; Maier 1993, 558–560): Menschliche Entscheidungen, die Entstehung von Vorlieben und Präferenzen und die Wahl zwischen Alternativen werden nicht unbeeinflusst, rational und individuell getroffen, denn soziale, materielle oder diskriminatorische Schranken sowie das gesellschaftliche Umfeld im Allgemeinen bilden die Rahmenbedingungen für menschliches Entscheidungsverhalten außerhalb und innerhalb von Marktbeziehungen.

Abgesehen davon ist der Markt keine von der Gesellschaft abgekoppelte Blase. Was in Marktbeziehungen passiert, hat Auswirkungen auf die Gesellschaft und umgekehrt. Die geschlechtsspezifische Diskriminierung auf Arbeitsmärkten beispielsweise

20 Für Joseph Stiglitz (2011, 315) beschreibt dieses Rationalitätsmodell Ökonomen besser als andere Menschen, und „je länger Menschen Wirtschaftswissenschaften studieren und praktizieren, umso ähnlicher werden sie dem Modell".

erzeugt oder verstärkt Rollenzuschreibungen. Sie mitbeeinflusst sogenannte „exogene" (außerhalb des Markts entstandene) Präferenzen, etwa für welchen Beruf man sich entscheidet und wie man sein Verhalten an gegebene Umstände anpasst („optimiert"). Warum – um ein altbekanntes, aber nicht weniger aktuelles Beispiel zu nennen – gibt es so wenige Mädchen in technischen Lehrberufen und so wenige Burschen in sozialen Berufen? Wie entstehen die Präferenzen von Mädchen und Burschen in ihrer Berufswahl?

Das ökonomische Modell der individuellen Wahlfreiheit und des rationalen Entscheidungsverhaltens in der Neoklassik kann demnach nicht erklären, welche Rolle Abhängigkeiten, Tradition und Macht bei der Zuteilung von Ressourcen und bei der Interpretation von Marktergebnissen spielen. Weder innerhalb der Familie noch auf dem Markt noch auf der Ebene des Staates spielen diese Dimensionen eine Rolle. Sie sind nicht Gegenstand der aufgeworfenen Fragestellungen. Für eine ökonomische Analyse des Geschlechterverhältnisses müssen die Benachteiligungen von Frauen auf dem Markt und das Unsichtbarmachen ihrer sonstigen Leistungen ein wesentliches Anliegen sein. Dafür wäre aber eine Untersuchung der Verknüpfungen zwischen individuellem Verhalten und gesellschaftlichen Bedingungen, kulturellen Selbstverständlichkeiten und sozialen Normen mit ihren überlieferten Über- und Unterordnungen und institutionellen Regelungen fundamental. Das kann (und will) die Neoklassik nicht leisten.

Die zwei Herzen im Haushalt: alle für einen – eine für alle!

Bisher sind wir davon ausgegangen, dass die Neoklassik sich ausschließlich für die Sphäre des Marktgeschehens interessiert, wo Menschen in Gestalt eines homo oeconomicus Tausch betreiben und rationale Kalküle und Entscheidungen unter der Prämisse der individuellen Nutzenmaximierung vor dem Hintergrund alternativer Wahlmöglichkeiten verfolgen. Vorausgesetzt und nicht Gegenstand der Forschung war jegliches „Außerökonomische“ und Nichtmonetäre, das sich jenseits des Marktgeschehens abspielt. Diese Konzeption von Ökonomie war ein wesentlicher Kritikpunkt feministischer Ökonominnen: Der Haushalt ist nicht außerökonomisch und die darin erbrachten Leistungen und Entscheidungen sind fundamental für das Funktionieren von Wirtschaftssystemen.

Einer der bekanntesten und einflussreichsten Vertreter der Neoklassik, den diese Kritik offenbar zum Nachdenken anregte, war Gary S. Becker. In den 1980er-Jahren begann sein Versuch, die der Neoklassik innewohnende Logik ökonomischen Verhal-
 tens auf alle möglichen Gesellschaftsbereiche auszudehnen, etwa auf Suchtverhalten oder eben auf das Verhalten von Familien und Haushalten (vgl. Becker 1996 [1985]). Im Zuge des vermehrten (Wieder-)Eintritts von Frauen in die Erwerbsarbeit und des Rückgangs der Geburtenraten begannen die sogenannten *New Home Economics* sich systematisch mit der Familie und dem Haushalt als relevante ökonomische Einheit zu befassen (vgl. England 2003, 45–46): Unter welchen haushaltsinternen Umständen kommt es zur Arbeitsmarktpartizipation von Frauen? Gibt es Erklärungen für ihre schlechtere Position am Arbeitsmarkt im Vergleich zu Männern? Welche Rolle spielen Entscheidungen im Haushalt? Warum Gary S. Becker trotz dieser nicht irrelevanten Fragestellungen zum Lieblingsfeind feministischer Ökonominnen wurde, soll im Folgenden an zwei Themenfeldern der New Home Economics erläutert werden: Einerseits thematisiert die New Home Economics Hausarbeit; sie wird als „gleichberechtigte“ Alternative zu Erwerbsarbeit und Freizeitgestaltung als Zeitverwendung erkannt, deren Aufnahme einer rationalen und Nutzen maximierenden Entscheidung entspringt. Andererseits bemühte sich die New Home Economics darum, zu erklären, was rationales Verhalten im Haushalt bedeutet. Dabei wird altruistisches Verhalten – im Gegensatz zum egoistisch-autonomen Verhalten des homo

oeconomicus – von Individuen als rational und potentiell Nutzen maximierend konzipiert.

Die Entscheidung zur Hausarbeit

Eine wesentliche Erweiterung des Feldes neoklassischer Theoriebildung ergab sich in Bezug auf die Rolle der Hausarbeit und der Arbeitsmarktbeteiligung von Frauen (vgl. Brunner 1994). Explizit wurde anerkannt, dass Haushaltsmitglieder ihre Zeit nicht nur zwischen Erwerbsarbeit und Freizeit aufteilen, sondern irgendwann auch Zeit für Hausarbeit zur Verfügung stehen sollte. Die New Home Economics versuchte also, Hausarbeit als eine dritte Alternative im Rahmen der individuellen Wahlmöglichkeiten über Zeitverwendung zwischen bezahlter Arbeit und Freizeit zu etablieren. (vgl. Gardiner 2001; Maier 1993) Die Gretchenfrage ist nun, wer entscheidet sich aus welchen Gründen dafür, seine Zeit für unbezahlte Hausarbeit aufzuwenden, und wer umgekehrt dafür, einer Erwerbsarbeit nachzugehen?

Unhinterfragt wird erst einmal angenommen, dass Frauen mehr Zeit und Energie in Hausarbeit und Kindererziehung stecken als in Markt-Jobs. Frauen rechnen damit, dass sie aufgrund der marktfernen Zeiten der Kinderbetreuung und Familienarbeit nicht in der Lage sein werden, einer kontinuierlichen Erwerbsarbeit nachzugehen. In Phasen der Nicht-Erwerbstätigkeit erfährt ihr bereits angehäuftes Humankapital in Form ihrer Ausbildung und anderer bereits in die Erwerbssphäre investierter Ressourcen eine Abwertung; man vergisst Erlerntes, verliert den Anschluss an neue Entwicklungen etc. Treten Frauen erneut in den Arbeitsmarkt ein, verdienen sie weniger. Folglich entscheiden sich Frauen gleich im Vorhinein eher für Erwerbsarbeit, deren Vorbereitung und Investitionen weniger energie- und kostenintensiv sind und die daher auch schlechter bezahlt ist als solche, die von Männern verrichtet wird. Es ist praktischer, naheliegender, rationaler und effizienter, sich als Frau auf Haus- und Reproduktionsarbeit „zu spezialisieren". Damit beißt sich die Katze in den Schwanz. Die geschlechtsspezifische Erwerbsbeteiligung ist erklärt, und es ist auch logisch, warum Frauen eher zuhause bleiben: Sie handeln weder aus Unwissenheit noch aus falscher Bescheidenheit, sondern aus Kalkül, indem sie sich nach Abwägung der Kosten und Nutzen für diese Alternative entschieden haben. Die geschlechtsspezifische Arbeitsteilung wird also als frei gewählt unterstellt. Die Diskriminierung der Frauen am Arbeitsmarkt ist dieser Logik zufolge ein Ergebnis der „weiblichen Präferenzstruktur" (vgl. Gardiner 2001, 49–51). Ursachen für die geschlechtsspezifische Arbeitsteilung werden damit aber nicht erklärt, sondern es wird lediglich im Zirkelschluss ein gewisser Status quo legitimiert.

Ein weiteres ökonomisches Erklärungsmodell für geschlechtsspezifische Diskriminierung am Arbeitsmarkt ist die sogenannte „statistische Diskriminierung". Es geht über Gary Beckers Ansatz hinaus, ist aber ebenfalls in der Neoklassik verankert. Die Argumentation ist folgende: UnternehmerInnen verfügen über unvollständige Informationen über die ArbeitnehmerInnen; sie wissen nicht mit Bestimmtheit, wie produktiv (wobei eine kurze Verweildauer im Unternehmen oder ein längeres Fernbleiben hierbei als tendenziell unproduktiv gewertet werden) sie sein werden. Daher greifen ArbeitgeberInnen auf repräsentative, sozialstatistische Merkmale von Gruppen wie Geschlecht und auf gesellschaftlich tradierte Einstellungen zurück, um ihre Informationen über ihre zukünftigen MitarbeiterInnen zu verdichten (Brunner 1994). Durchschnittsbeobachtungen werden auf alle Zugehörigen einer Gruppe übertragen. Wenn Unternehmen nun annehmen, dass *Frauen als Gruppe* weniger produktiv sind, weil Frauen schwanger werden können und dann deutlich öfter und länger als Männer vorübergehend aus dem Arbeitsleben ausscheiden, können einzelne Frauen (die nicht in Karenz gehen) aufgrund dieser statistischen Diskriminierung ungerechtfertigte Nachteile in Bezug auf Lohn, Weiterbildung oder Art des Arbeitsplatzes erleiden. Antizipieren Frauen diese aus Unternehmensperspektive vermeintlich rationale unterschiedliche Behandlung, werden Frauen weniger motiviert sein, berufliche – geschweige denn unkonventionelle berufliche – Karrieren zu verfolgen. Damit würden sich die horizontale und vertikale Segmentation am Arbeitsmarkt verfestigen.

Optimales Verhalten im Haushalt

Die zweite Erweiterung betrifft die Verhaltensannahmen von Individuen bei der Haushaltsorganisation im Gegensatz zu ihrem Verhalten im Marktgeschehen. Die New Home Economics gehen für den Bereich des Familienhaushalts – implizit als heterosexuelle Kleinfamilie konzipiert – in Bezug auf das Verhalten der einzelnen Haushaltsmitglieder vom rationalen Egoismus und der Autonomie der Individuen ab. Dort verhalten sich Individuen (im Besonderen der Familienhaushaltsvorstand, vulgo das Familienoberhaupt) rational altruistisch (Becker 1996 [1985], 106). So individuell berechnend auf dem Markt agiert wird, so berechnend altruistisch darf das Verhalten in der Familie sein – Empathie, die emotionale Verbundenheit und Verpflichtungen zwischen Individuen, wird im Rahmen der New Home Economics für den Bereich der Familie als eine Form des rationalen Verhaltens theoretisiert. Wie ist es möglich, fragt man sich, dass die Handlungen ein und derselben Person im Bereich der Familie auf völlig gegensätzlichen Grundannahmen des individuellen Verhaltens beruhen als im Marktgeschehen? Wiederum wird dabei vorausgesetzt, dass es sich bei diesen beiden Bereichen um zwei unterschiedliche Welten handelt, die wenig miteinander zu tun haben.

Die Annahme des in der Familienhaushaltsorganisation vorherrschenden Altruismus des Haushaltsvorstandes ist – abgesehen von seiner Widersprüchlichkeit – äußerst problematisch. Eine wesentliche Frage ist nämlich, wie Entscheidungen über die Haushaltsorganisation, über die Zuteilung von materiellen Ressourcen, die Entscheidung darüber, wer welche Tätigkeiten innerhalb und außerhalb des Haushaltes zu erledigen hat, zustande kommen. Die Antwort der New Home Economics ist aus feministischer Perspektive erschreckend: Das gemeinsame Familienwohl ist abhängig von den Vorstellungen des altruistischen Haushaltsvorstandes über die optimale Aufteilung von Aufgaben und Ressourcen. Im Konfliktfall liegt es in der „Überzeugungskraft" des Haushaltsvorstandes, seine eigenen Vorstellungen, wie diese Aufteilung zu erfolgen hat, mit jenen der anderen Familienmitglieder in Einklang zu bringen. Der altruistische Haushaltsvorstand entspricht dem „benevolent dictator" (Gardiner 2001, 52), der über Haushaltsressourcen verfügt, sie verwaltet, entzieht und verteilt entsprechend dem Wohle der Familie. In Konfliktfällen obliegt es ihm, Entscheidungen der einzelnen Familienmitglieder so zu manipulieren, dass das gemeinsame Familieninteresse (= die gemeinsame Nutzenfunktion) – letztendlich die Nutzenfunktion des altruistischen Haushaltsvorstands – gesteigert werden kann.

Daraus folgt, dass der Haushalt ein im Endergebnis nach innen homogener Akteur sein muss, dessen Ressourcen „gepoolt" werden. Von geschlechtsspezifischer Ressourcen*ungleich*verteilung und hierarchischen Machtbeziehungen innerhalb der neoklassischen Vorstellung von Familie wird vollkommen abgesehen (vgl. England 2003, 52). Meist obliegt die Entscheidungsgewalt über finanzielle Ressourcen denjenigen, die diese dem Haushaltsbudget durch Erwerbsarbeit zur Verfügung stellen. Im heterosexuellen Familienverband sind das in der Regel die besserverdienenden Männer. Ob die Verteilung des Haushaltsbudgets „gerecht" oder auch nur angemessen vor sich geht, bezweifeln wir mit gutem Grund (vgl. Daly/Rake 2003, 118–119). Über die finanzielle Machtstellung des Haushaltsvorstandes hinaus kann Familie auch das Gegenteil von Altruismus bedeuten: nämlich sexuelle Verfügungsgewalt und materielle sowie sexuelle Ausbeutung von Frauen. Solche Verhältnisse als altruistisch zu bezeichnen, ist nicht nur falsch, sondern überaus bedenklich, da reale hierarchische Machtverhältnisse durch den vorherrschenden Diskurs der Ökonomie gerechtfertigt werden.

Abschließend lässt sich feststellen, dass die New Home Economics zwar die Aufforderung, den Haushalt ebenfalls zum Gegenstand ökonomischer Fragestellungen zu machen, ernst nahm, sogar geschlechtsspezifische Arbeitsteilung innerhalb und außerhalb des Haushaltes thematisierte, diese aber letzten Endes legitimiert. Die geschlechtsspezifische Arbeitsteilung wurde als freiwillig gewählt und der weiblichen Präferenzstruktur entspringend dargestellt. Wie schon in der „altehrwürdigen Neoklassik" wird von Machtstrukturen innerhalb und außerhalb des Haushalts abgesehen; Entscheidungen basieren auf rational optimierendem Verhalten von Individuen. Rational ist, dass alle individuellen Präferenzen von Haushaltsmitgliedern in einer einzigen aufgehen – nämlich in der Präferenz desjenigen, der den Haushaltsvorstand mimt (alle für einen!). Rational ist auch, dass sich eine (die Frau) auf die Haushaltsarbeit spezialisiert, die sie dann für alle anderen Haushaltsmitglieder erledigen darf (eine für alle!). Welche Rolle die Faktoren Umfeld, soziale Strukturen, Verfügungsgewalt über Ressourcen oder gar über den eigenen Körper für das Zustandekommen von Entscheidungen spielen, verschwindet in der Black Box rationalen Verhaltens.

Verhandlungen und kooperative Konflikte in der Haushaltsorganisation

Die Thematisierung des Haushalts als relevante ökonomische Einheit blieb weiterhin aktuell. Die Kritik an den Becker'schen Annahmen über Haushaltsökonomie, insbesondere am Haushalt als homogenen Akteur und am rätselhaften Zustandekommen von Haushaltsentscheidungen, brachte alternative Konzepte über die Ressourcenaufteilung und -verhandlung innerhalb des Haushalts und im Verhältnis zur außerhäuslichen Ökonomie, dem Markt und dem Staat, zum Vorschein. Einerseits entstanden spieltheoretische Ansätze: Die Haushaltsmitglieder verhandeln über Zeitverwendung, Aufteilung von Aufgaben und Verteilung von Ressourcen. Ihr Verhandlungspouvoir ist dabei abhängig vom jeweilig verfügbaren „Drohpotential", die eingegangene ökonomische Partnerschaft zu verlassen: Welche Ressourcen würden sie der Partnerschaft entziehen, wenn sie gehen würden? Umgekehrt ist für die Verhandlungsmacht innerhalb des Haushaltes natürlich auch wichtig, auf welche ökonomische Position („fall-back position") die (ehemaligen) PartnerInnen nach einer Scheidung zurückfallen würden (vgl. Haddad/Hoddinott/Alderman 1997).

Andererseits sind nichtformale Verhandlungsmodelle für Haushaltsentscheidungen zu erwähnen, die die institutionelle und gesellschaftliche Einbettung von Haushalten berücksichtigen. Wir gehen im Folgenden kurz auf Amartya Sens (1990) Haushaltsmodell des „kooperativen Konflikts" ein. Sen forschte seit den 1970er-Jahren zu Entwicklungs- und Wohlfahrtsökonomie und wurde in der feministischen Ökonomie weitreichend mit seinen Arbeiten zu Armut und menschlicher Entwicklung rezipiert. Gemeinsam mit Bina Agarwal (1997) legte er eines der vielschichtigsten Konzepte über die Rolle des Haushalts in der Ökonomie vor. Der Haushalt besteht demnach aus zwei Sets von Beziehungen: Einerseits ist Kooperation zwischen den Haushaltsmitgliedern notwendig, um das Output des Haushalts (aus bezahlter und unbezahlter Arbeit) zu maximieren; andererseits existieren Konflikte zwischen den Haushaltsmitgliedern über die Verteilung der Ressourcen. Das Resultat dieser Beziehungen ist ein komplexer geschlechtsspezifisch strukturierter Aushandlungsprozess. Dessen Verlauf und Ergebnis wird von den eigenen, aber gesellschaftlich vermittelten Interessen der Haushaltsmitglieder über ihre Aufgaben (wie viel Zeit wenden sie für Lohnarbeit, Hausarbeit, Freizeit auf) und ihre Verfügungsgewalt über soziale, kulturelle und ökonomische Ressourcen beeinflusst. Darüber hinaus können Faktoren außerhalb des unmittelbaren Wirkungsbereichs des Haushalts wie etwa von beiden Geschlechtern verinnerlichte Vorstellungen von gesellschaftlicher Ordnung mehr Gleichheit im Verhandlungsprozess und -ergebnis verhindern oder das Vorhandensein von ungerechter Arbeitsteilung zwischen den Geschlechtern rechtfertigen.

Dieser kurze Abriss verhandelte exemplarische Haushalts-Bargaining-Modelle, die im Laufe der 1990er-Jahre als Reaktion auf die New Home Economics entwickelt wurden. Mittlerweile sind Modelle, die Macht- und Einkommensungleichgewichte ignorieren oder den Haushalt als undifferenzierte nutzenmaximierende Einheit konstruieren, nicht mehr akzeptiert. Die Ökonomin Nancy Folbre räumt allerdings ein: „Viele Ökonomen modellieren zwar die Folgen der Differenzen in der Verhandlungsmacht in Haushalten, die wenigsten aber ergründen deren Ursachen." (Folbre 1997, 263, eigene Übersetzung)

Von der Neoklassik zum Neoliberalismus

Nach diesem Exkurs über die theoretische Weiterentwicklung der Neoklassik in die Sphären des Haushalts und ihre feministische Kritik daran wenden wir uns den wirtschaftspolitischen Interpretationen neoklassischer Theoriebildung zu.

Vermarktlichung und Ökonomisierung – das heißt die Ausbreitung der Idee des homo oeconomicus und des Markt-Prinzips in neue Sphären – wird im Neoliberalismus, als (wirtschafts-)politisches Projekt der Neoklassik, zum gesellschaftsstrukturierenden Prinzip. Die 1970er- bis 1980er-Jahre markieren den politischen Auftakt des Aufstiegs des Neoliberalismus. Ronald Reagan in den USA, Margaret Thatcher im UK und Augusto Pinochet in Chile setzten als Erste die „neoliberale Agenda" um.

Einerseits erfolgt eine Fokussierung der Wirtschaftspolitik auf die sogenannte Angebotsökonomie, also darauf, möglichst ideale Bedingungen für Unternehmertum und das Wirken der Marktkräfte zu schaffen. Andererseits rückt die polit-ökonomische und ideologische Prämisse der „Privatisierung" in den Vordergrund, die auch wesentliche Auswirkungen auf die Gestaltung des Alltags hat (vgl. Michalitsch 2004). Privatisierung ist demnach nicht nur als wirtschaftspolitische Maßnahme zu interpretieren, mit der dem Markt die Bereitstellung bestimmter Güter und Dienstleistungen übertragen wird. Privatisierung und der Markt werden im Neoliberalismus selbst zum organisierenden und regulierenden Prinzip von Staat und Gesellschaft (vgl. Michalitsch 2008). Bestimmte Denkweisen und Verhaltensaufforderungen begleiten Privatisierungspraktiken: Freiheit, Selbstverantwortung, Autonomie und Risikobewusstsein – die unternehmerische Rationalität des homo oeconomicus – werden zu den vorausgesetzten Tugenden, die Menschen im Neoliberalismus aufweisen sollen. Sie werden zum wesentlichen Bestandteil des Alltagsverstandes: „Der Mensch, der einen Mangel an Initiative zeigt, an Anpassungsfähigkeit, Dynamik, Mobilität und Flexibilität, beweise scheinbar seine objektive Unfähigkeit, ein freies, rationales Subjekt zu sein." (Habermann 2010, 165) Der Gesellschaft wird also ein ungebundenes Individuum vorausgesetzt, dessen Zeit der ökonomischen Verwertung beliebig zur Verfügung gestellt wird. Der homo oeconomicus ist in der neoliberalistischen Interpretation der Neoklassik nicht mehr nur in der Idee geschlechtslos: Tatsächlich geht es darum, wen auch immer möglichst flexibel im Erwerbsarbeitsprozess einzusetzen und die Kommerzialisierung auf möglichst viele Bereiche des gesellschaftlichen Lebens auszudehnen.

Die Wirtschaftspolitik des Neoliberalismus – privat statt Staat

Ein wesentliches wirtschaftspolitisches Schlagwort des Neoliberalismus ist Strukturanpassung. Sie bezeichnet die radikale Umgestaltung einer bisher geltenden polit-ökonomischen Regulationsweise. Diese arbeitete einerseits (zumindest vordergründig) auf den ökonomischen und politischen Machtausgleich zwischen Kapital und Arbeit hin. Andererseits war sie darauf ausgerichtet, Teile der Gesellschaft und des Lebens vor Verwertung zu schützen – etwa durch ausgebaute Sozialversicherungssysteme. Der Staat spielte als Umverteilungsinstanz von Risiken und ungleich hohen Einkommen zwischen Bevölkerungsschichten eine wesentliche Rolle.

Der Neoliberalismus ist ein Umverteilungsprojekt in die andere Richtung. Sowohl die Verteilung zwischen Kapital und Arbeit („funktionale Einkommensverteilung“) als auch diejenige zwischen höheren und niedrigeren Einkommensschichten („personelle Einkommensverteilung“) verkehrte sich in den letzten drei Jahrzehnten im globalen Norden (Stiglitz 2013). Die Einkommensschere zwischen Arm und Reich driftete auseinander. Daran war der Staatsapparat nicht unbeteiligt. Die Rolle des Staates für die Unterstützung ökonomischer Prozesse wandelte sich. Der Staat hat vor allem dafür zu sorgen, dass die Marktkräfte ungestört wirken können. Damit einher geht das Bekenntnis zu einer Verringerung der Staatsquote – also der Einnahmen und Ausgaben des Staates – sowie des staatlichen Budgetdefizits und der Staatsverschuldung. Darüber hinaus ändert sich auch die Qualität der Einnahmen und Ausgaben des Staates. Hier zwei Beispiele:

Öffentliche Dienstleistungen: neue und erweiterte Akkumulationsfelder

Erreicht werden soll der materielle Rück- und Umbau des Staates beispielsweise durch die Auslagerung öffentlicher Leistungserbringung an private Unternehmen. Unter der wirtschaftspolitischen Prämisse der Liberalisierung, der „Erhöhung der Wettbewerbsfähigkeit“ und der „Vollendung des Binnenmarktes“ werden Privatisierungen und Ausgliederungen von Unternehmen des öffentlichen Sektors vorangetrieben. Das Eisenbahnwesen, die Strom- oder Wasserversorgung sollen in die angeblich günstigere und effizientere Bereitstellung durch private Unternehmen, die unter Wettbewerbsbedingungen Dienstleistungen anbieten, überführt werden. Damit schlägt man aus neoliberaler Perspektive mehrere Fliegen mit einer Klappe: Der Staat zieht sich als Unternehmer und wirtschaftlicher Akteur zurück; der Privatwirtschaft eröffnen sich neue Felder der kapitalistischen Akkumulation angesichts von Verwertungskrisen in anderen Branchen; die Löhne in den neu übernommenen Unternehmen sinken durch die Anwendung neuer und schlechterer Arbeitsverträge. Die Deregulierung oder Flexibilisierung des Arbeitsmarktes in Form des Abbaus von Arbeitsschutz und Arbeitssicherheit, um Arbeitskräfte entsprechend der Unternehmensnachfrage flexibler einsetzbar und billiger zu machen, ist ein wesentliches Standbein neoliberaler Wirtschaftspolitik. Dabei steht die Senkung der Lohnkosten im Vordergrund.

Dass Liberalisierung und Privatisierung die Effizienz der Erbringung der Dienstleistungen erhöhen und die Preise dadurch entsprechend gesenkt werden, ist nicht garantiert. Studien über Liberalisierung und Privatisierung haben gezeigt, dass im Gegenteil die (nichtlukrative) Leistungserbringung eingeschränkt wurde – wie bei den Post- oder Bahndienstleistungen der Fall – und/oder Preise – wie im Energiesektor oder bei der Wasserversorgung – drastisch erhöht wurden (Hermann/Flecker 2012). Frauen haben ein besonderes Interesse an öffentlichen Dienstleistungen und staatlichem Eigentum: Sie sind als Bezieherinnen niedriger Einkommen stärker von Preiserhöhungen der Dienstleistungen betroffen, deren Konsum bei gleichbleibendem Einkommen eingeschränkt werden muss. Die Leistungserbringung verlagert sich – wo es möglich und notwendig ist – in den unbezahlten Bereich der privaten Haushalte. Im Fall der privatisierten und nicht leistbaren oder ungenügenden Wasserversorgung, wenn Leitungen an entlegene Gebiete nicht gelegt oder kaputte Leitungen nicht repariert werden, müssen HaushaltsversorgerInnen die Wasserkübel selber nachhause schleppen, um die Wasserversorgung zu gewährleisten.

Umbau des paternalistischen Sozialstaates und die Erhöhung der Erwerbstätigenquote

Eine weitere Maßnahme zur Stärkung der Liberalisierung und zur Rückführung staatlicher Intervention ist der Abbau sozialer Sicherheit, die Zurücknahme oder der mangelnde Ausbau öffentlichen Angebots an Dienstleistungen oder wiederum deren Bereitstellung durch private Unternehmen. Dies alles unter dem Damoklesschwert der Erhöhung der Erwerbstätigenquote. Interessante Beispiele sind die Pensionsvorsorge und das Pensionssystem, die in allen Ländern der Europäischen Union Reformen unterzogen wurden. Überall kam es in der Folge zur Erhöhung der Lebensarbeitszeit, zu Leistungskürzungen und zur Aufwertung sowie Subventionierung der privaten Pensionsvorsorge. Damit einher gehen die Propagierung eigenverantwortlicher Lösungsstrategien und die Zurückweisung öffentlicher Verantwortung, wenn man fürs Alter vorsorgen soll. Aber auch im Falle von Erwerbslosigkeit oder Kinderbetreuungspflichten wird die protektionistische Hand des paternalistischen Wohlfahrtsstaats abgelehnt (vgl. Beigewum 2005). Die Erwerbslosen sollen durch Arbeitsmarktpolitik „aktiviert" und für den Arbeitsmarkt diszipliniert werden. Frauen sollen im Namen der Gleichstellungspolitik und Antidiskriminierungspolitik die gleichen Chancen wie Männer am Arbeitsmarkt und eine „echte Wahl" haben. Man möchte hinzufügen: zwischen schlecht bezahlten Jobs und Daheimsitzen mit dem Kind. Wie kam es dazu?

Um der „persönlichen Dienstbarkeit" (Haug 2013, 90) in der Familie zu entkommen, wurde der Befreiung der Frau durch die Lohnarbeit in unterschiedlichen – sowohl liberal als auch sozialistisch geprägten – Traditionen der feministischen Ökonomie besonderes Gewicht beigemessen (vgl. Barker 2005, 2197 f.; Fraser 2013, 127–129). Gleichzeitig blieb die Sphäre der Reproduktionsarbeit und des Haushalts Domäne der Frauen. „Doppel- oder Dreifachbelastung" ist hier das Signalwort: Auf der einen Seite sind es vor allem Frauen, die unentgeltlich familiale Reproduktionsleistungen erbringen, sofern sie sich nicht die Bezahlung haushaltsnaher Dienstleistungen leisten können. Diese Aufgabenzuteilung erfolgt unabhängig davon, ob sie berufstätig sind oder nicht. Auf der anderen Seite wird erwartet, dass der Lohnarbeitsprozess Frauen ebenso in Beschlag nehmen soll wie Männer, damit sie ein von paternalistischen Institutionen (dem Familienlohn oder dem Sozialstaat) unabhängigeres Leben führen können. Die Erhöhung der Frauenerwerbstätigkeit wird per se als erstrebenswertes Ziel formuliert – ohne die Qualität der Arbeitsplätze und das Lohnniveau mitzudenken. Gleichzeitig wird die kollektive Organisation von Betreuungsarbeit beispielsweise im Rahmen des Ausbaus öffentlicher Kinderbetreuungseinrichtungen ausschließlich unter dem Ziel der Erhöhung der Frauenbeschäftigung diskutiert – und das in zwei Richtungen: Einerseits erhöht sich das Gesamtarbeitskräftepotential, das dem Arbeitsmarkt zur Verfügung steht, und damit potentiell das Wirtschaftswachstum; andererseits werden neue Frauenarbeitsplätze geschaffen. Denn: besser, flexibilisiert und bezahlt im Job, als unsichtbare, ungeregelte und unbezahlte Arbeit zuhause zu verrichten und von einem „Familienernährer" abhängig zu sein (vgl. Hochschild 2000, 82, über das „Zuhausesein bei der Arbeit"). In dieser Forderung nach gleichberechtigter Teilnahme am Arbeitsmarkt überschneiden sich neoliberale Ansprüche an den Arbeitsmarkt mit frauenpolitischen Zielformulierungen. Nancy Fraser (2009a) stellt zur Debatte, ob sich in dieser Überschneidung gar eine unheilige Allianz zwischen feministischen Kritikpunkten (etwa am Familienlohn oder am Paternalismus des fordistischen Wohlfahrtsstaates) mit der Ideologie des aufkommenden Neoliberalismus in den 1970er-Jahren abzeichnet (kritisch dazu Haug 2009). Anders formuliert, soll die Gleichstellung zwischen Männern und Frauen damit enden, dass alle unter prekarisierten Arbeitsbedingungen einer Erwerbsarbeit nachgehen müssen?

Von „alle“ kann in Ländern, in denen die Erwerbslosigkeit bei 30 Prozent liegt, keine Rede sein. Aber der „Rest“ ist jedenfalls bei den prekarisierten Arbeitsbedingungen angelangt. Die herrschenden wirtschaftspolitischen Konzeptionen der Europäischen Union und erst recht die „strukturanpassenden“ wirtschaftspolitischen Maßnahmen im Zuge der Finanz- und Wirtschaftskrise sind geprägt von den Kernelementen des Neoliberalismus (vgl. Kurswechsel 2012a, 2012b; Oberndorfer 2011; Hermann 2012): von der Beschwörung des Wettbewerbs in der Produkt- und Dienstleistungsökonomie des Europäischen Binnenmarktes als auch in der Ökonomie der Versorgung und der damit einhergehenden Liberalisierung und Privatisierung vormals öffentlich erbrachter Güter, von der Zerschlagung des öffentlichen Sektors inklusive der gesundheitlichen Versorgung in den am stärksten von Rezession und von Staatsverschuldung gebeutelten europäischen Ländern, von Lohnraub, Abbau und Unterminierung von ArbeiterInnenrechten und Entdemokratisierung.

Das Erbe des homo oeconomicus ist angetreten – Gleichheit der Armen! Marktwirtschaft überall! Die Befreiung über die Erwerbstätigkeit war wohl eine Sackgasse.

Feministische Marxismuskritik

Die Hausarbeitsdebatte

„Das Private ist politisch“ wurde zum tragenden Slogan der Frauenbewegung. Im Zuge der Zweiten oder auch „autonom“ genannten Frauenbewegung gründeten sich Ende der 1960er-Jahre und zu Beginn der 1970er-Jahre in zahlreichen Ländern Selbster-

fahrungsgruppen; es fanden die ersten feministischen Kongresse statt; Patriarchat, Familien- und Beziehungsstrukturen wurden als Herrschaftsstrukturen diskutiert und angegriffen. Bis dahin waren Themen wie Gewalt in der Familie, Sexismus, Hausarbeit und andere zentrale Unterdrückungsstrukturen in der traditionellen Linken nur Randthemen und insgesamt als „Nebenwiderspruch“ entwertet. Sowohl in der Theorie als auch in der Praxis der politischen Kämpfe wurde von feministischen Aktivistinnen mit Nachdruck eingefordert, die blinden Flecken der männlichen Theorie- und somit Realitätsbildung ebenso zu reflektieren wie die sexistische Arbeitsteilung in den „revolutionären“ politischen Organisationen selbst. Dabei wurde auch die Marxsche Kritik der politischen Ökonomie unter die feministische Lupe genommen. Theoretisch galt es, die Unterdrückung der Frau neu zu begreifen. Zugleich sollte auch „der Marxismus“ aus einer feministischen Perspektive neu gefasst werden. Haus- bzw. Reproduktionsarbeit war dabei einer der zentral umkämpften Bereiche: Nicht nur die Lohnarbeit, sondern auch die Hausarbeit basiert auf Ausbeutung. Auseinandersetzungen um diesen Themenbereich wurden später unter dem Namen „Hausarbeitsdebatte“ bekannt.

Die 1973 erschienene Schrift *Die Frauen und der Umsturz der Gesellschaft* von Mariarosa Dalla Costa gilt als Beginn der international geführten und rund zehn Jahre währenden Auseinandersetzung um das Verhältnis von Lohnarbeit und Hausarbeit, Frauen und Männern, von Fabrik und Familie und deren Rolle im Kapitalismus (vgl. Hartmann 1983, 37; Vogel 2003). Die Hauptaspekte der durchaus kontrovers geführten Debatten gruppieren sich entlang der Achsen Haus- bzw. Reproduktionsarbeit/Lohnarbeit und produktive/unproduktive Arbeit sowie der Diskussion um den Einfluss von Haus- bzw. Reproduktionsarbeit auf den „Wert der Ware Arbeitskraft" und auf die Mehrwertproduktion. Teilweise bewegten sich die Auseinandersetzungen sehr eng um die Begrifflichkeiten von Marx. Beispielsweise entspann sich in der britischen marxistischen Theoriezeitung *New Left Review* eine theoretisch hochstehende Debatte darüber, ob die Hausarbeit mittels einer „simple application" – einer einfachen Hinzufügung – in den bestehenden Analyserahmen von Marx integrierbar sei oder nicht (Secombe 1974; Gardiner 1975, Coulson et. al. 1975). Resultierend ist festzustellen: nein, das ist sie nicht (Birkner/Knittler 2006).

So unterschiedlich die verschiedenen Ansätze in diesen Debatten[21] auch waren, so haben sie doch eine gemeinsame Grundlage: Hausarbeit und Reproduktionsarbeit kommen bei Marx' ökonomischen Analysen nicht vor. Im Zentrum seiner Analyse der politischen Ökonomie steht die Lohnarbeit. Diese Lücke galt es zu kritisieren und zu schließen. Wir greifen für eine Rückschau zwei Ansätze heraus: den Text von Mariarosa Dalla Costa, der den Anstoß zur Hausarbeitsdebatte gab, und den zeitlich bereits gegen Ende der Debatte angesiedelten Ansatz der Bielefelderinnen – Veronika Bennholdt-Thomsen, Maria Mies, Claudia von Werlhof –, die über ihre Kritik an Marx hinaus neue Begriff-

21 Einen hervorragenden Überblick über die vielfältigen Debattenstränge geben Frigga Haug und Kornelia Hauser (1984) sowie Gabriele Dietrich (1984).

lichkeiten entwickelten, um die Lebens- und Arbeitsrealität von Frauen adäquat zu fassen. Vorab erfolgt ein kurzer Abriss zu den für die Hausarbeitsdebatte zentralen Marxschen Begrifflichkeiten.

Doppelt freie Lohnarbeit und Mehrwert bei Marx

Das *Kapital* von Karl Marx stellt den umfassenden Versuch einer theoretischen Analyse des Kapitalismus dar. Zugleich ist es, wie auch aus dem Untertitel hervorgeht, eine Kritik der Politischen Ökonomie, also eine Kritik der volkswirtschaftlichen Theorien, die bis dato (u. a. durch Adam Smith, David Ricardo, Jeremy Bentham) entstanden waren. Im ersten der drei Bände des *Kapitals* werden die wichtigsten Begriffe entwickelt, auf die in der Hausarbeitsdebatte Bezug genommen wird. Die Arbeit von Frauen wird hier teilweise sehr ausführlich betrachtet, allerdings nur solange sie die Lohnarbeit betrifft. Haus- und Reproduktionsarbeit[22] kommen hier nicht vor.

Zentrale Figur für die Analyse der Lohnarbeit im Kapitalismus ist bei Marx der doppelt freie Arbeiter bzw. die Arbeiterin. Die ArbeiterInnen im Kapitalismus sind im Gegensatz zu früheren Wirtschaftssystemen freie juristische Personen, sie sind aber auch „frei" von Produktionsmitteln. Das heißt, ihnen bleibt – in Ermangelung eigener Produktionsmittel – nur der Verkauf der eigenen Arbeitskraft, um die eigene Reproduktion finanziell zu gewährleisten. Der Ausbeutungsbegriff ist bei Marx kein moralischer. Er hat nichts damit zu tun, ob Überstunden bezahlt oder Arbeitsrechte eingehalten werden. Die Arbeiterin verkauft die eigene Arbeitskraft über den Arbeitsvertrag für eine bestimmte

22 An jenen wenigen Stellen, an denen Marx zumindest indirekt auf Hausarbeit Bezug nimmt, ergeben sich bezüglich der inhaltlichen Bestimmtheit der Begriffe Mehrwert und Produktivität Widersprüche. Für eine ausführliche Darstellung des Reproduktions- und Produktivitätsbegriff bei Marx vgl. Knittler 2005, 23–28.

Zeit und bekommt entsprechend dem Wert der eigenen Arbeitskraft den Lohn – insofern geht alles rechtens zu. Die Ausbeutung der Arbeitskraft hängt gewissermaßen an „unsichtbaren Fäden", sie ist nicht so leicht ersichtlich wie bei Sklaven oder Leibeigenen. Angenommen, der Wert der Waren, die zur Reproduktion des Arbeiters notwendig sind, entspricht sechs Stunden. Ein ganzer Arbeitstag dauert aber zwölf Stunden, folglich arbeitet der Arbeiter den halben Tag „für sich selbst", den anderen aber unbezahlter Weise für den Arbeitgeber: Es wurden also sechs Stunden Mehrarbeit geleistet und dementsprechend sechs Stunden Mehrwert geschaffen. Es ist das Glück des Kapitalisten, dass er eine Ware gefunden hat, die die Fähigkeit hat, mehr Wert zu schaffen, als sie selber besitzt (Marx 1975, 208). Der Begriff der Produktivität ist bei Marx eng mit dem des Mehrwerts verknüpft. Produktiv gilt eine Arbeit im Wesentlichen dann, wenn sie Mehrwert schafft.

Die feministische Kritik setzte spätestens beim Wert der Ware Arbeitskraft ein. Denn, wie bestimmt sich der Wert der Ware Arbeitskraft? Dieser entspricht dem Wert jener Waren, die – und das kann historisch betrachtet durchaus unterschiedlich ausfallen – zur Reproduktion notwendig sind. Die gesamten unbezahlten Arbeitsschritte (kochen, putzen, Kinder gebären und aufziehen) zählen nicht dazu. Des Weiteren stellt sich die Frage nach der Produktivität und des Mehrwerts. Warum sollte Haus- und Reproduktionsarbeit nicht produktiv sein oder Mehrwert schaffen, wo sie doch für die Erstellung der für den Kapitalisten wichtigsten Ware – der Arbeitskraft – unerlässlich ist? Fest steht, dass Marx sich um diese Fragestellungen nicht gekümmert hat. Im Zentrum seiner ökonomischen Analyse stand die Bedeutung der Lohnarbeit im Kapitalismus.

„Wer behauptet, dass die Befreiung der Frau der Arbeiterklasse darin liegt, eine Arbeit außerhalb des Hauses zu finden, erfasst nur einen Teil des Problems, aber nicht seine Lösung. Die Sklaverei des Fließbandes ist keine Befreiung von der Sklaverei des Spülbeckens. Wer das leugnet, leugnet auch die Sklaverei des Fließbandes und beweist damit noch einmal, dass man, wenn man die Ausbeutung der Frau nicht begreift, auch die Ausbeutung des Mannes nicht wirklich begreifen kann" (Dalla Costa 1978, 41).

Die Frauen und der Umsturz der Gesellschaft ist eher eine politische Schrift oder genauer ein feministisches Manifest, denn eine reine Auseinandersetzung mit der Marxschen Theorie. Vor allem dem eindeutig politischen Charakter des Textes ist es geschuldet, dass er mehr als andere Schriften, die im Zuge der Hausarbeitsdebatte geschrieben wurden und sich mit der Marxschen Kapitalismusanalyse auseinandersetzen, von Ort und Zeit seiner Entstehung geprägt ist, nämlich im Kontext der Zweiten Frauenbewegung Ende der 60er- und zu Beginn der 70er-Jahre (Wunderle 1977) sowie – nicht unabhängig davon – des sich abzeichnenden Ende des Fordismus. Spezifisch italienischer Prägung ist hingegen die lange und militante Tradition von Klassenkämpfen sowie Dalla Costas Verortung im Operaismus (vgl. Dalla Costa 2005), der sich stark in ihrer analytischen Herangehensweise und politischen Schlussfolgerung widerspiegelt. Ein zentrales Paradigma operaistischer Ansätze war, die Klassenkämpfe selbst ins Zentrum der Theorie zu rücken und nicht mehr abstrakte Bewegungsgesetze des Kapitalismus zu suchen, von denen dann politische Forderungen abgeleitet werden können – oder auch nicht. Bei Dalla Costa verloren sowohl Theorie als auch Praxis ihren geschlechtslosen Charakter.

In *Die Frau und der Umsturz der Gesellschaft* legt Dalla Costa die mannigfachen Unterdrückungsverhältnisse von Frauen in der kapitalistischen Gesellschaft dar und zeigt zugleich die Notwendigkeit als auch Wege zu ihrer Überwindung auf. Im Zentrum Dalla Costas Analyse steht die Unterdrückung und Ausbeutung der Frau im Kapitalismus. Ihre Unterdrückung begann nicht erst mit dem Kapitalismus, aber: „Was mit dem Kapitalismus begann, war die noch intensivere Ausbeutung der Frau als Frau – und die Möglichkeit ihrer endlichen Befreiung.“ (Dalla Costa 1978, 29). Der Kapitalismus hat die alte Form der Familie und des Zusammenlebens zerstört, den Mann als freien Lohnarbeiter auf den Markt geworfen und die Frau als Hausfrau in die Isolation des Hauses verbannt: So wurde die Kleinfamilie geschaffen (ebd., 27). Hausarbeit ist unbezahlt, unsichtbar und isoliert; diese Eigenschaften sind für Dalla Costa untrennbar miteinander verbunden. Die von Frauen im Haushalt verrichteten Tätigkeiten bilden zwar neben der Lohnarbeit die Grundlage für den Kapitalismus, gelten aber als ungelernt und minderwertig. Ihre Bedeutung für den kapitalistischen Produktionsprozess bleibt unsichtbar, „weil nur das Produkt ihrer Arbeit – der Arbeiter – sichtbar war“. Das Kapital herrscht nach Dalla Costa nicht nur durch den Lohn, sondern gerade auch durch den Ausschluss eines großen Teils der Gesellschaft vom Lohn. Durch das Fehlen des Lohns wird die Ausbeutung verschleiert und ist nicht offensichtlich. Die Arbeit der Hausfrau erscheint als persönliche Dienstleistung außerhalb des Kapitals. „Diese Form der Ausbeutung war noch effektiver, weil das Fehlen des Lohns sie verschleierte, mystifizierte. Das heißt, der Lohn kommandiert mehr Arbeitsleistungen, als die Tarifverträge in der Fabrik erkennen lassen“ (ebd., 34).

Mit dieser Sichtweise bricht Dalla Costa mit dem orthodoxen Marxismus, der die Basis der gesellschaftlichen Ordnung und somit der Ausbeutung immer im ökonomischen Verhältnis von *Lohn*arbeit und Kapital sah. Die direkte theoretische Bezugnahme auf Marx fällt jedoch relativ knapp aus: Marx habe es zwar geschafft, die Ausbeutung von Frauen und Männern in der Lohnarbeit exakt zu bestimmen, aber „die Ausbeutungssituation der

Frau im Haus" konnte er nicht erfassen. Eine Begründung für diese Kurzsichtigkeit sieht sie darin, dass Männer – und somit auch Marx – in den geschlechtsspezifischen Machtstrukturen gefangen seien; „[d]eswegen können nur die Frauen ihre gesellschaftliche Rolle selbst bestimmen und mit dem Kampf beginnen" (ebd., 39).

Hausarbeit geht nach Dalla Costa über Produktion von Gebrauchswerten – diese Funktion wurde ihr von Marx und dem orthodoxen Marxismus zugestanden – weit hinaus. Als unbezahlte Sklaverei bildet sie die Grundlage der Lohnsklaverei. Sie dient der Reproduktion der Arbeitskraft, ist für den Kapitalismus

unentbehrlich und dergestalt produktiv. Die weitere Definition von Produktivität geht thematisch weit über die herkömmliche rein ökonomische Bestimmung der Hausarbeit hinaus. Problematisiert werden Bereiche der Sexualität, der Familie, der Konsumtion, der Rivalität unter Frauen, die durch das kapitalistische Produktionssystem bestimmt und für dieses produktiv gemacht werden. Die Funktion der Hausarbeit im Kapitalismus beschränkt sich bei Dalla Costa nicht nur darauf, unmittelbar produktiv zu sein und Mehrwert zu erzeugen, sondern sie erfüllt noch eine weitere, stabilisierende Funktion: Kommt es zu Wirtschaftskrisen und Entlassungen, wirkt der Haushalt als Auffangbecken. Die arbeitslos gewordenen Familienmitglieder können hier immer noch ein gewisses Ausmaß an Versorgung vorfinden. Diese familiäre Absicherung wirkt sozialen Revolten der Arbeitslosen entgegen und ist somit stabilisierend für das System: „Die Frauen sind im Haushalt nützlich, nicht nur, weil sie die Hausarbeit ohne Lohn und ohne zu streiken verrichten, sondern weil sie die Familienmitglieder, die durch die Wirtschaftskrisen periodisch arbeitslos werden, immer wieder im Haushalt aufnehmen" (ebd., 40).

Lohn für Hausarbeit

In *Die Frauen und der Umsturz der Gesellschaft* blieben die Ansätze eines feministischen Kampfes und politischer Forderungen noch unkonkret, resultierten aber kurze Zeit nach Veröffentlichung ihrer Schrift in der Forderung nach einem Lohn für Hausarbeit. Alsbald bildeten sich mehrere „Lohn-für-Hausarbeit-Komitees" in Italien. Die Forderung hatte innerhalb der Frauenbewegung eine so immense Sprengkraft, dass sie sich auch schnell in andere Länder verbreitete und in Ansätzen bis heute weiterexistiert. Mit der Forderung nach Lohn sollte Mehrfaches erreicht werden: zum einen die Anerkennung der Produktivität von Haus- und Reproduktionsarbeit im Rahmen kapitalistischer Vergesellschaftung, zum anderen auch die Perspektive weiblicher Selbstbestimmung und die Teilnahme an sozialen Kämpfen in Form des direkten Angriffs auf die Profite. KritikerInnen hielten dieser Forderung entgegen, dass durch den Lohn die Rolle der Frau als Hausfrau verfestigt werden würde. Mit einer monetären Abspeisung von geringer Höhe hatte die Forderung jedoch wenig gemein. Auch wenn sich die politische Praxis hauptsächlich an Frauen der ArbeiterInnenklasse richtete, so bot dieser Ansatz auch eine Basis für einen internationalen Kampf aller Frauen: „Wir alle leisten Hausarbeit. Hausarbeit: Sie ist die einzige Sache, die alle Frauen untereinander verbindet, sie ist die einzige Grundlage, auf der wir gemeinsam unsere Macht entfalten können, die Macht von Millionen von Frauen" (Dalla Costa 1975, 126, eigene Übersetzung). Mit der Forderung sollte nicht zuletzt auch gegen die Zentralität von Kämpfen, die sich allein auf die Lohnarbeit beziehen, aufbegehrt werden. Wenngleich in einem anderen Kontext, finden sich ähnliche Argumentationsstränge – sowohl der Pro- als auch der Kontra-Argumente – in heutigen Debatten um das bedingungslose Grundeinkommen wieder.

Bielefelderinnen: Raus aus der Zwangsjacke

„Wenn wir Hausarbeit verstanden haben, haben wir die Ökonomie verstanden“ (Werlhof 1983, 113).

Die Gruppe der Bielefelder Entwicklungssoziologinnen (Veronika Bennholdt-Thomsen, Maria Mies, Claudia von Werlhof) rückte Haus- und Reproduktionsarbeit als Subsistenzwirtschaft ins Zentrum ihrer Theorie. In *Patriarchat und Kapital* und *Frauen, die letzte Kolonie* setzen sie sich mit den gesellschaftlichen Ursprüngen der geschlechtlichen Arbeitsteilung, mit Kolonialisierung und „Hausfrauisierung“, internationalen Aspekten der Frauenunterdrückung, aber auch mit internationalen Beispielen von Frauenbewegung und möglichen Wegen zu einer neuen Gesellschaft auseinander. Auch die Einbeziehung der Arbeits- und Ausbeutungsverhältnisse in der „Dritten Welt“ in ihre Betrachtungen stellt einen wichtigen Beitrag zur Weiterentwicklung der Hausarbeitsdebatte dar.

Subsistenzarbeit und Hausfrauisierung – neue Begriffe

Die Schaffung neuer Begriffe wie Hausfrauisierung und Subsistenzarbeit erschien einerseits notwendig, um die Unzulänglichkeit des Marxschen Vokabulars hauptsächlich Arbeitsformen von Frauen gegenüber aufzudecken und um den Ergebnissen eigener Analysen Ausdruck zu verleihen. Sie sind das Resultat von Diskussionen und Auseinandersetzungen mit der eigenen Lebensrealität und jener von Frauen in der „Dritten Welt“. Keinesfalls sollten die dergestalt gefundenen Begriffe einmal definiert und von da an unveränderlich bleiben. Im Gegenteil: „... unsere Begriffe, wenigstens die, die ich heute als wegweisend ansehe, sind nicht statisch, ein für alle Mal definiert und damit eingegrenzt und fertig, ‚tot‘, sondern sie entfalten sich lebendig mit unseren Kämpfen und unserem Nachdenken darüber. Das bedeutet auch, dass diese Begriffe aufhören ‚lebendig‘ zu sein, wenn wir aufhören zu kämpfen“ (Mies 1983a, 115). Mit diesem Begriffsverständnis sollte eine Entgegnung zur orthodoxen, „ewig wahren" Auffassung von Begriffen formuliert werden. Heiß umkämpft war dabei die Frage nach dem Begriff der Produktivität. Nach Marxscher Definition ist Hausarbeit – und das gilt ebenso für Subsistenzarbeit – unproduktiv. Auf mühsame Versuche, diese Arbeitsverhältnisse in die „Zwangsjacke" zu pressen, wurde verzichtet. Althergebrachte Begriffe, etwa jener der „produktiven Arbeit", wurden mit neuen Inhalten gefüllt und somit erweitert. Als produktiv galt fortan nicht mehr nur Lohnarbeit, sondern ebenso Hausarbeit (kritisch dazu: Beer 1983).

Die Subsistenzproduktion wird der Waren- und Mehrwertproduktion entgegengesetzt. Sie umfasst sowohl Hausarbeit in den Industrieländern als auch Arbeit von Kleinbauern und -bäuerinnen, die hauptsächlich für den eigenen Konsum tätig sind, sowie die Arbeit von Marginalisierten in der „Dritten Welt". Subsistenzarbeit ist erstens gar nicht oder unterbezahlt, zweitens wird sie hauptsächlich von Frauen geleistet und drittens bildet sie die Existenzgrundlage des Kapitalismus. Nur durch die Subsistenzarbeit wird das Leben geschaffen, das das Kapital benötigt. Wichtig war den Bielefelderinnen auch herauszuarbeiten, dass die Haus- und Subsistenzarbeit[23] nicht einfach ein dem Kapitalismus vorgelagerter Prozess oder ein Überrest feudaler Produktionsweisen ist. Haus- und Subsistenzarbeit sind „in verschiedener Weise unter das Kapital subsumiert (untergeordnet) und damit auch verändert worden" (Mies 1983a, 117). Mit dieser Feststellung wenden sich die

23 Die *Akkumulation des Kapitals* von Rosa Luxemburg war wichtiger Referenzpunkt der Bielefelderinnen zur Entwicklung ihrer eigenen Subsistenztheorie. „Für seine Existenz und zukünftige Entwicklung braucht der Kapitalismus nicht-kapitalistische Formen der Produktion in seiner Umgebung" (Luxemburg 1951, 289, in: Dietrich 1984, 29). Für Luxemburg führt diese Bedingung des Kapitalismus allerdings zu seiner Zerstörung (Theorie der Selbstzerstörung des Kapitals), da sie wie auch Marx von einer Verallgemeinerung der Lohnarbeit ausging.

Bielefelderinnen gegen die weit verbreitete marxistische Ansicht, dass Hausarbeit als Form der Arbeit noch im Feudalismus verwurzelt sei und über kurz oder lang ebenfalls in Lohnarbeitsverhältnissen aufgehen würde (vgl. Heinrich 1999, 261 f.). Hausarbeit ist eine historisch entstandene, spezifisch kapitalistische Form von Arbeit und zugleich die „modernste Form der Subsistenzproduktion" (Mies 1983a, 117). Das Kapital benötigt sowohl Kolonien als auch unbezahlte Hausarbeit, um überleben zu können. Aufgrund der analysierten Ähnlichkeiten zwischen Subsistenzarbeit in Industrieländern und der „Dritten Welt" gelangt Claudia von Werlhof zu folgender Analogie: „Die ‚Kolonien' sind demnach
 die externe Welt – ‚Hausfrau' – und die Hausfrauen hier sind die interne Kolonie des Kapitals der Männer" (ebd.).

Der Begriff Hausfrauisierung umfasst ebenfalls vielschichtige Prozesse. Auf einer historischen Ebene umfasst er die Entstehung der Hausarbeit und damit einhergehend die Domestizierung der Frau: Mit Entstehung und Durchsetzung des Kapitalismus wird die Frau abhängig vom Einkommen des Mannes. Diese Form der geschlechtlichen Arbeitsteilung galt vorerst nur für eine relativ kleine bürgerliche Schicht, breitete sich aber später auch im Proletariat aus. „Dies war nicht nur die Voraussetzung für die billigste Reproduktion der Arbeitskraft, sondern auch ein Mittel zu ihrer politischen Entmachtung" (Mies 1983a, 118). Hausfrauisierung bezieht sich aber nicht nur auf die Hausarbeit selbst, sondern auch auf die „[s]trukturelle Bedingung für die Entwertung aller weiblichen Erwerbsarbeit im Kapitalismus" (ebd.). Aufgrund ihrer Analysen über Auswirkungen und spezifische Ausgestaltung von Entwicklungsprogrammen der Weltbank auf Frauen in Entwicklungsländern stellen sie fest, dass den Frauen das klassische Ernährer-Familienmodell übergestülpt wird. Die Frau wird derart als „müßige Hausfrau" und Dazuverdienerin festgelegt. So wird ein patriarchales Familienmodell exportiert, obschon die „hausfrauisierte" Frau in der „Dritten Welt" nie einen Vollzeit-Lohnarbeiter an ihre Seite bekommen wird (vgl. Mies 1983a, 119). Des Weiteren meint Hausfrauisierung eine Zurückdrängung des Lohnarbeiters zugunsten von Arbeitsverhältnissen, die durch Vertragslosigkeit, geringe Bezahlung und mangelnde Arbeitsrechte charakterisiert sind (vgl. Werlhof 1983).

Die Kritik an den Bielefelderinnen bezog sich einerseits auf ihre teilweise biologistischen Vorstellungen über „Weiblichkeit" und über die menschliche – geschlechtsspezifisch ausgestaltete – Natur. Andererseits wurde kritisiert, dass der Begriff der Hausfrauisierung inhaltlich zu weit gefasst sei. Da sich damit scheinbar fast alle Formen der Ausbeutung erklären ließen, verlor die inhaltliche Bestimmtheit des Begriffs an Schärfe. Ihre Einschätzung, dass sich „hausfrauisierte" Arbeitsverhältnisse weiter ausbreiten werden, erwies sich in gewissem Sinn als visionär und stellt eine Vorwegnahme späterer Debatten rund um die Prekarisierung von Arbeit dar.

Bedeutung der Debatte für heute

In den 1980er-Jahren verebbte die Hausarbeitsdebatte. Dies ist einerseits darauf zurückzuführen, dass das Ende des „realen Sozialismus" (nicht nur) der feministischen Auseinandersetzung mit der Marxschen Theorie zugesetzt hat. Zum anderen verlagerten sich die feministischen Debatten stärker auf Fragen der Identitätsbildung, psychoanalytischen Problemstellungen und auf Aspekte der Körperlichkeit sowie auf das theoretische Terrain von Poststrukturalismus und Dekonstruktion von Geschlecht. Was wir heute diesen vielschichtigen feministischen Kritiken an der Marxschen politischen Ökonomie und der sich daraus entwickelnden Theoriebildungen zu verdanken haben, sind zumindest die folgenden Punkte:

1) Lohn- und Hausarbeit sind spezifisch kapitalistische Formen der Arbeit, die gemeinsam mit der Herausbildung des Kapi-

talismus entstanden sind. Von den Bielefelderinnen wurden sie auch als „Zwillinge des Kapitalismus“ bezeichnet.

2) Lohn- und Hausarbeit sind – wenn auch unterschiedlich ausgestaltete – Ausbeutungsverhältnisse.
3) Lohn- und Hausarbeit sind für das Fortbestehen des Kapitalismus unerlässlich.

Die Hausarbeitsdebatte schärfte das Verständnis um die Kategorien von Hausarbeit und Lohnarbeit und deren Zusammenwirken im Kapitalismus. Für die marxistische Theorie (und nicht nur für diese) stellte sie eine enorme Bereicherung dar. Die Diskussionen um Begrifflichkeiten selbst und um politische Praxis, die wir

selbst mittragen und mitbestimmen, verlor im Rahmen feministisch-ökonomischer Auseinandersetzungen an Bedeutung. Gleichzeitig verlagerte sich der Ort der feministischen Wissensproduktion. War diese zuvor stark in die Bewegung und in kollektive Austauschprozesse eingebettet, so fand sie zunehmend an Universitäten statt. Mit der Konzentration der feministischen Auseinandersetzungen auf die Universitäten und auf andere Institutionen setzte eine zunehmende Akademisierung der Diskussionen und Institutionalisierung der Forderungen ein. Zugleich verlor die Auseinandersetzung mit dem Themenfeld der Reproduktionsarbeit an Radikalität. Jene Aspekte, die mit einem Begehren nach Befreiung und einem Ende von Unterdrückung und Ausbeutung einhergehen, sind zumindest (weit) in den Hintergrund getreten. Die Inhalte der Hausarbeitsdebatte jedoch und die Feststellung, dass der gesamte Bereich der unbezahlten Arbeit eine zentrale wirtschaftliche Analyseebene darstellt, konnte sich in weiterer Folge als Interessengegenstand der feministischen Ökonomie etablieren. *Das Private ist politisch!* Ökonominnen schlossen sich dieser Formulierung mit dem nicht weniger wahren, aber etwas holpriger klingenden Wahlspruch *Das Private ist ökonomisch!* an.

Die Welt der Zahlen

Make gender visible?

Die Welt der Zahlen ist ein politisch umkämpftes Feld. Es ist geprägt von Machtverhältnissen, auch wenn diese nicht auf den ersten Blick sichtbar sind. Dabei geht es um Fragen wie: Wer und was wird wie gezählt und erhoben? Welche Indikatoren werden warum und wie gebildet? Wer berechnet was warum und wie? Was wird mit den Zahlen, mit den daraus abgeleiteten ökonomischen Indikatoren und den darauf aufbauenden ökonomischen Modellen sichtbar, was bleibt im Dunklen? Eine Zahl allein mag neutral scheinen, sie entsteht aber nie losgelöst von diesen Fragen. Somit ist die Neutralität von Zahlen immer nur äußerer Schein. Viele ökonomische Fragestellungen sind jedoch auf Zahlen und Statistiken angewiesen und auch die feministische Ökonomie arbeitet mit ihnen. Zahlen bilden das Rohmaterial der empirischen Wirtschaftsforschung und der Ökonometrie.

Seitens der Öffentlichkeit, der Politik und der Medien besteht derzeit ein ungebrochenes Interesse an und Vertrauen in Zahlen. Zahlen lügen nicht, Zahlen belegen Fakten, Zahlen bilden oft die Grundlage politischer Entscheidungen; ihnen wird ein zentraler Stellenwert zur Beschreibung der Welt, in der wir leben, beigemessen. In ihrer (scheinbaren) Objektivität bzw. Neutralität sollen sie die Wirklichkeit widerspiegeln. Eines können sie jedoch nicht: komplexe Verhältnisse darstellen. Ihr Reiz liegt gerade darin, unsere Lebensverhältnisse in sehr reduzierter und einfach zu erfassender Weise wiederzugeben. Wie viele Arbeitslose gibt es? Wie hoch ist das BIP in einem Land? Das sind ökonomisch gelagerte Fragen, die sich leicht mit einer Zahl beantworten lassen. Auf komplexe Fragestellungen geben Zahlen also einfache Antworten. 150.353 – zum Beispiel. Doch was wissen wir dann über die Situation der 150.353 Arbeitslosen, über deren Leben, geschweige denn über die Ursachen dessen, was man als Arbeitslosigkeit bezeichnet? Darüber hinaus kann die Zahl selbst, das Ergebnis der Berechnungen, sehr unterschiedlich ausfallen, je nachdem welche Datenquelle verwendet wird und welche Definition dem Untersuchungsgegenstand zugrunde liegt.

Auch seitens der Frauenbewegung bestand und besteht ein reges Interesse an Zahlen als „objektiver" Beleg für die Existenz von Ungleichheit sowie für die geschlechtsspezifische Einkommens- und Vermögensverteilung, die Verwendung von Budgets, Niedriglöhne und Ähnliches. Diese Zahlen zu liefern, aufzubereiten und verständlich zu präsentieren, kann ein wichtiger Beitrag kritischer Wissensproduktion und somit feministischer Ökonomie für widerständige Bewegungen sein. Zahlen allein haben allerdings noch keinen emanzipatorischen Gehalt: Dass Frauen weniger verdienen als Männer wissen wir seit 200 bis 300 Jahren (oder noch länger). Und trotzdem ist es noch immer so. Das Wissen um bestehende Ungleichheiten reicht zu deren Veränderung nicht aus. Dass diese noch schlimmer wären, wenn ihre empirische Evidenz weiter im Dunklen läge, ist möglich. Die Nützlichkeit von Daten, das Einfordern von gendersensiblen Statistiken und deren textuelle Aufbereitung allein generieren jedoch noch nicht automatisch einen Beitrag zur kritischen oder widerständiger Wissensproduktion und sind jedenfalls nicht hinreichend für gesellschaftliche Veränderungen.

Das Verhältnis feministischer Ökonomie zu Zahlen, Statistiken und einer mathematisierten Ökonomie bewegt sich in einem Spannungsverhältnis, das durch folgende Eckpunkte charakterisiert ist:

- Zahlen und Statistiken, aufgeschlüsselt nach Geschlecht (gendersensible Statistik), sind notwendige Voraussetzung für feministische Analysen. Neben qualitativen Daten sind quantitative Analysen über die ökonomische Situation unerlässlich, um die Lebensverhältnisse von Frauen adäquat zu erfassen. Ohne diese Zahlen bleiben wesentliche Bereiche der Lebensrealität von Frauen unsichtbar. Mittels Zahlen lassen sich viele der Ungleichheiten und Ausbeutungsverhältnisse, in denen sich Frauen befinden, aufzeigen und belegen.

- Zahlen sind notwendig als Beweis gegenüber Leugnern geschlechtsspezifischer Ungleichheiten.
- Ein empirischer Beleg für bestehende Ungleichheiten verbleibt ein schwaches Argument, wenn es keine soziale Bewegung bzw. keine Frauenbewegung gibt, die für deren Veränderung kämpft. Zahlen und Fakten sind bestenfalls eine notwendige, aber keinesfalls eine hinreichende Bedingung für gesellschaftliche Veränderungen. Frei nach dem Motto: Eine Blume macht noch keinen Frühling; eine Zahl macht noch keine Revolution.
- Queerfeministische ÖkonomInnen würden anmerken, dass durch Erhebung und Auswertungen entlang der Kategorisierung in Männer und Frauen zu kritisierende Zweigeschlechtlichkeit reproduziert wird.
- Abhängigkeits-, Macht- und Ausbeutungsstrukturen sind komplex und lassen sich nicht mittels Zahlen zu einfachen Fakten reduzieren. Das Patriarchat ist keine auf Zahlen basierende Formel. Um diese Zusammenhänge darzustellen, können Zahlen lediglich ein Hilfsmittel sein.
- Viele für Frauen relevante Lebensverhältnisse lassen sich durch Zahlen nicht adäquat fassen. Sie entziehen sich der Statistik und ökonometrischen Modellen. Keine einzige feministische Fragestellung lässt sich auf rein quantitative Aspekte reduzieren.
- Die zunehmende Mathematisierung der Ökonomie mit immer komplexeren Berechnungsmodellen (Ökonometrie) hat (in einigen Fällen) zur Folge, dass Fragestellungen und

abgeleitete Analysen inhaltsleer werden und die Machtverhältnisse, in die Zahlen eingebettet sind, aus dem Blick geraten. Dieser Umstand ist zwar keinesfalls ausschließlich auf die Komplexität der Methoden zurückzuführen, kann aber dadurch befördert werden.

Kurz zusammengefasst bedeutet dies: Geschlechtssensible Daten sind notwendig, vor einer Überbewertung von Zahlen ist allerdings zu warnen, wenngleich diese emanzipativ nutzbar gemacht werden können. Parallel sollten ökonomische Analysen in ihrer Mainstreampraxis als Herrschaftsinstrument kritisiert werden. Wie sich feministische ÖkonomInnen in diesem Spannungsbogen

positionieren, fällt je nach politischer und theoretischer Sichtweise unterschiedlich aus. Anschließend an die eingangs gestellten Fragen, was von wem wie gemessen wird, was sichtbar wird und was unsichtbar bleibt, sind für feministische ÖkonomInnen ebenso folgende Fragen relevant: Wer hat die Definitionsmacht über die Konstruktion wirtschaftlicher Kennzahlen und deren Benennung? Und: Welche oder wessen Interessen werden damit bedient und warum setzen sich ausgerechnet diese durch?

In folgendem Kapitel geht es um die Möglichkeiten und Grenzen von Zahlen und mathematischen Berechnungen, um die (Wirtschafts- und Sozial-)Statistik als Instrument emanzipativer Politik sowie um die Beschränktheit dieser Methoden gerade für feministische Fragestellungen. Im ersten Abschnitt erfolgt ein kurzer Abriss über die Geschichte der Zahlen im Spannungsfeld zwischen staatlichem Kontroll- und Verwaltungsinstrument und deren emanzipativem Einsatz im Zuge und als Folge von sozialen Protestbewegungen. Der zweite Teil geht konkreten Problemlagen in Verbindung mit der Benennung von Indikatoren, der Konstruktion von Kennzahlen und der beschränkten Quantifizierbarkeit sozialer Verhältnisse jeweils anhand konkreter Beispiele nach. Der dritte Teil widmet sich der mathematisch komplexen empirischen Wirtschaftsforschung, der Ökonometrie.

Entstehung von Statistik, staatliche Verwaltung und Kontrolle

Die Geschichte staatlich erfasster (statistischer) Zahlen und Fakten ist von Herrschaftspolitik und ihrer widerständigen Nutzung geprägt. Es lag im Interesse der Könige oder Kaiser, zu wissen, wie es um ihr Land bestellt ist. Die Ermittlung der Bevölkerungszahl war vor allem für zwei Fragestellungen relevant: Erstens, wie viele potentielle Steuerzahler und Steuerzahlerinnen sind vorhanden? Zweitens, wie viele Soldaten können im Bedarfsfall rekrutiert werden? Das staatliche Interesse an Statistiken war vorrangig durch das Interesse an Geld und Kriegen hervorgerufen und somit eng verknüpft mit wirtschaftlichen Fragestellungen. Die Erhebungen waren Grundlage für bevölkerungspolitische Maßnahmen
sowie für wirtschaftspolitische Entscheidungen und Reformen. Lange Zeit waren die Ergebnisse den Regenten vorbehalten, wurden nicht veröffentlicht und waren geheim. Die erfragten Kategorien, die Darstellungsart und der Erfassungsumfang änderten sich im Laufe der Jahrhunderte, vom Fürstenspiegel im Mittelalter über räumlich beschränkte Erhebungen im Merkantilismus bzw. Absolutismus bis hin zu umfassenden und zunehmend standardisierten Volkszählungen im 19. Jahrhundert.

Die Geschichte staatlicher Statistiken ist bei allen länderspezifischen Differenzen eng mit der Verwaltung und Kontrolle der Bevölkerung sowie mit dem Wandel von Staatlichkeit, der Entstehung eines umfassenden Verwaltungsapparates, der Zurückdrängung von Adel und Kirche, der Herausbildung moderner Nationalstaaten sowie der Durchsetzung der kapitalistischen Produktionsweise verbunden. Begleitet wurden die Prozesse von einem Wandel der Geschlechterverhältnisse und den in sie eingebetteten konkreten patriarchalen Strukturen. Dementsprechend änderten sich auch die statistischen Klassifikationen sowie die Erhebungskategorien. Mittels Datenproduktion kann ein spezifischer Blick auf die Realität kultiviert werden, der sich in der Datenproduktionspraxis und Klassifikation gewissermaßen materialisiert (Anderson 1996; Cooper 2003). Dies gilt sowohl für die Konstruktion von Geschlecht als auch von rassifizierten/ethnifizierten Kategorien.

Zahlen, die Aufschluss über Macht- und Lebensverhältnisse liefern, kam stets ein zentraler Stellenwert in sozialen Auseinandersetzungen zu. Sie wurden sowohl von sozialreformerischen als auch von revolutionären Bewegungen herangezogen, um die herrschenden Zustände anzuklagen und zu deren Veränderung aufzurufen. Auch die Frauen- und ArbeiterInnenbewegung des 19. Jahrhunderts hat es sich zur Aufgabe gemacht, die Welt der Zahlen nicht ausschließlich der herrschenden Wissenschaft und der staat-

lichen Verwaltung zu überlassen. Teils wurde auf bestehende offizielle Statistiken zurückgegriffen, die im Vergleich zu heute nur sehr rudimentär vorhanden waren, teils wurden Zahlen und Informationen – beispielsweise für geschlechtsspezifische Einkommensunterschiede – in mühsamer Kleinarbeit selber erhoben. Dafür wurden eigene Forschungszusammenhänge oder spezifische Institutionen gegründet. Beispielsweise geht die Gründung des heutigen Büros für Arbeitsmarktstatistik in den USA auf Interventionen der Gewerkschaftsbewegung zurück. In den 1920er-Jahren, zur Zeit des Roten Wien, entwickelte Otto Neurath gemeinsam mit Gerd Arntz und Marie Reidemeister die *Bildstatistik*[24] mit dem Ziel, wirtschaftliche, soziale und politische Sachverhalte einfach und verständlich zu vermitteln und somit zu einer Demokratisierung von Wissen beizutragen. Gegen den Vorwurf, die Bildstatistiken seien zu wenig exakt, bemerkte Otto Neurath: „Vereinfachte Mengenbilder sich merken ist besser als genaue Zahlen vergessen." (zit. nach Sander 2008)

24 Die Bildstatistik ist auch unter der Bezeichnung ISOTYPE (International System Of Typographic Picture Education) bekannt.

Heute gibt es so viele Zahlen, Indikatoren und Datenbanken wie nie zuvor. In den meisten Fällen werden die Daten für Männer und Frauen erhoben und ausgewiesen. Dies soll nicht über den Umstand hinwegtäuschen, dass es in einigen für die Ökonomie relevanten Gebieten (z. B. Volkswirtschaftliche Gesamtrechnung, Steuern, staatliche Ausgaben) immer noch an maßgeblichen Informationen mangelt. Insgesamt lässt sich am Grad der „Gendersensibilität" ein deutlicher Unterschied zwischen den Sozialstatistiken[25] und Wirtschaftsdaten im „engeren" Sinn wie Budget- oder eben VGR-Daten[26] ablesen. Dennoch ist festzuhalten, dass es nicht zuletzt aufgrund zahlreicher (feministischer) Interventionen (Petitionen, Konferenzen, Workshops, konkrete Vorschläge etc.) auf nationaler wie internationaler Ebene enorme Weiterentwicklungen und Verbesserungen in der Erhebung und Auswertung von gendersensiblen Sozial- und Wirtschaftsdaten gab. Was mit dem Potential der Datenbanken geschieht, was davon wie ausgewertet und aufbereitet wird und ob finanzielle Ressourcen dafür zur Verfügung gestellt werden, steht auf einem anderen Blatt. Im Zuge der Hochphase der Sozialberichterstattung der 1970er-Jahre entstanden in Österreich und Deutschland auch eigene Sozialberichte zur Situation von Frauen, die u. a. einen wichtigen Begleitpro-

25 Beispielsweise kam es innerhalb der Europäischen Union über EUROSTAT zu einem enormen Zuwachs und einer Vereinheitlichung an Sozialstatistiken (Arbeitsmarkt-, Armuts- und Einkommensstatistiken).

26 Teilweise gingen allerdings durch die Umstellung auf EU- bzw. Eurostatvorgaben auch relevante Informationen verloren. Beispielsweise wurden durch die Umstellung auf das europäische System der Volkswirtschaftlichen Gesamtrechnung (ESVG-95) die Nichtlohneinkommen nicht mehr differenziert erhoben, d. h. bei den Gewinn- und Vermögenseinkommen ist nicht mehr unterscheidbar, ob es sich um Einkünfte aus der Landwirtschaft, Gewerbebetrieben, selbständiger Tätigkeit, Verpachtung, Dividenden oder Zinserträgen handelt.

zess zu den Ehe- und Familienrechtsreformen darstellten (Kramer/Mischau 2010). Seither hat sich in beiden Ländern eine mehr oder weniger regelmäßige Frauenberichtserstattung etabliert.[27]

Aus feministischer Perspektive stellt sich nicht nur die Frage, wer – Männer und Frauen? –, sondern auch was – nur die bezahlte Erwerbsarbeit oder auch die unbezahlte Haus- und Reproduktionsarbeit? – gezählt wird. Die politisch radikale und theoretisch hochstehende Hausarbeitsdebatte der 1970er- und frühen 1980er-Jahre führte ihre Auseinandersetzung um Hausarbeit, deren spezifische Form der Ausbeutung, deren Notwendigkeit für das Bestehen im Kapitalismus sowie um die spezifische Ausbeutung von Frauen in Patriarchat und Kapitalismus noch weitgehend ohne empirische Befunde über den quantitativen Umfang der Hausarbeit. Mittlerweile gibt es auch auf diesem Gebiet umfangreiches Datenmaterial. In zahlreichen Ländern wurden seit Mitte der 1980er-Jahre mehr oder weniger regelmäßig sogenannte Zeitbudgetstudien (*time use studies*), die Aufschluss über die Zeitverwendung von Männern und Frauen liefern, durchgeführt. Alle belegen, teilweise auf Minuten genau berechnet, dass Frauen trotz starker länderspezifischer Unterschiede nach wie vor den überwiegenden Teil der unbezahlten Arbeit verrichten und meist über (deutlich) weniger Freizeit verfügen als Männer (Aliaga 2006; Statistisches Bundesamt 2003; Statistik Austria 2009). Die Ergebnisse der Zeitbudgetstudien bilden zugleich die quantitative Basis für einen expandierenden Zweig der feministischen Ökonomie, der sich mit der Bewertung von unbezahlter Haus- und Reproduktionsarbeit befasst. Diese Berechnung sind Teil der Bestimmung sogenannter

27 Der erste Frauenbericht in Österreich erschien 1975 unter der Zuständigkeit der Frauenministerin Johanna Dohnal, von da an alle zehn Jahre mit Ausnahme der rechts-extrem/rechts-konservativen Regierung aus FPÖ und ÖVP zwischen 2000–2007, sodass der vierte Frauenbericht erst fünfzehn Jahre später (2010) erschien.

Satellitenkonten in der Volkswirtschaftlichen Gesamtrechnung, bei der die unentgeltlich geleistete Arbeit bewertet und das Bruttoinlandsprodukt um diese Größe erweitert wird (vgl. *Makroökonomie und Geschlechterverhältnisse*).

Als Zwischenresümee lässt sich feststellen, dass das Leben von Männern und Frauen quantitativ so gut erfasst, vermessen, tabelliert und mit Indikatoren versehen ist wie nie zuvor. Deutlich schlechter stellt sich die Datenlage zur Lebens- und Einkommenssituation von gleichgeschlechtlichen Paaren und LGBTIQ-Personen[28] dar. Daher fällt es schwerer, vorhandene Diskriminierungen (bzw. Lohndiskriminierung von Schwulen und Lesben) und Ungleichheit quantitativ-empirisch zu belegen[29] (Weichselbaumer 2002).

Festzuhalten bleibt hier auch, dass die quantitativ relativ gute Erfassung der Lebenssituationen von Männern und Frauen stärker auf Erwerbsleben und Armut denn auf die Reichtums- und Vermögensverteilung zutrifft. Da Männer öfter als Frauen zu den Vermögenden und Reichen zählen und somit öfter von Reichtum denn von Armut „betroffen" sind, bedeutet dies, dass Frauen in Summe besser erfasst sind als Männer. Aus frauenpolitischer Sicht ist das nicht unbedingt ein Vorteil. Frauen hätten ein größeres Interesse an der Erforschung des Reichtums, weil sie durch dessen Umverteilung mehr zu gewinnen hätten als Männer.

Wenn es heute an feministischen ökonomischen Studien mangelt, dann liegt dies nicht so sehr an mangelnder Datenverfügbarkeit im Bereich der empirischen Sozial- und Wirtschaftsforschung, sondern viel eher an der Prioritätensetzung der Forschenden und/oder an einer mangelnden Finanzierung. Allein

28 Lesbian, Gay, Bisexual, Transgender, Intersex und Questioning.

29 In den USA ist die Datenlage weitaus besser als hierzulande und die empirische und theoretische Auseinandersetzung fortgeschrittener (vgl. z. B. Badgett/Schneebaum 2015).

der Umstand, dass Männer und Frauen gezählt werden, macht Geschlecht noch nicht als soziales Geschlecht sichtbar. Sichtbar sind dann vorerst nur zwei Kategorien, von denen die eine Männer und die andere Frauen bezeichnet. Ob es sich hierbei um ein biologisches oder soziales Verständnis von Geschlecht handelt, ist davon abhängig, wie die Zusammenhänge zwischen Ursache und Wirkung interpretiert werden: Begründungszusammenhänge können mit ein und derselben Datengrundlage sehr unterschiedlich ausfallen und von biologistischen Argumentationsmustern (Frauen sind für bestimmte Berufe besser geeignet, Frauen sind geschickter und Männer stärker etc.) bis hin zur Darstellung des

Geschlechts als sozialem Konstrukt reichen.

Zahlen benennen: Indikatoren und deren Bezeichnung – Wer ist hier arbeitslos?

Die Frage, was überhaupt als Arbeit gilt, ist historisch hart umkämpft. Die feministische Feststellung, dass auch Haus- und Reproduktionsarbeit (respektive nicht nur entlohnte Arbeit) als Arbeit anzuerkennen sind, führte zur Infragestellung bislang etablierter Begriffe und Konzepte von Arbeit. Ein interessantes Beispiel hierfür ist das Konzept der „Arbeitslosigkeit"[30]: Wenn Hausarbeit Arbeit ist, ist laut Frauenbewegung eine arbeitslose Hausfrau ein Widerspruch in sich. „A woman's work is never

30 Arbeitslosigkeit als eigens erhobene und ausgewiesene statistische Kategorie ist vergleichsweise jungen Datums. Erst Anfang des 20. Jahrhunderts, parallel mit der Entstehung von Arbeitsämtern, begann man Arbeitslosigkeit als solche zu erheben (Desrosières 2005). Das Auftauchen von Arbeitslosigkeit als eigene statistische Kategorie kann gewissermaßen als letzter Stein im Siegeszug – im Sinn der allgemeinen Durchsetzung – der Lohnarbeit gesehen werden, wenn eine Person durch das nicht Vorhandensein eines Zustandes definiert wird. In früheren Erhebungen bestanden für nicht erwerbstätige Personen (so sie nicht reich/vermögend waren) die Kategorien: Arme, Vagabunden u. Ä.

done“ – die Arbeit einer Hausfrau hört nie auf. Um dem hegemonialen Verständnis von Arbeit als Lohnarbeit entgegenzutreten, wurde ein Begriff wie Arbeitslosigkeit abgelehnt. Stattdessen wurde (und wird) ein präziseres Konzept von „Erwerbslosigkeit“ gefordert/verwendet. Die neue Benennung soll sichtbar machen, welche Art von Arbeit eine Person nicht hat, wenn sie *arbeits*los ist. „Losgeworden“ sind Arbeitslose lediglich die bezahlte Erwerbsarbeit, nicht aber die unbezahlte Reproduktionsarbeit. Praktische Verbündete für diese Umbenennung fanden sich in der *Arbeits*losenbewegung. Auch *Arbeits*lose verrichten Hausarbeit, kümmern sich um ihre Kinder, betätigen sich in Vereinen, leisten Nachbarschaftshilfe oder sind politisch aktiv. Sie gehen also einer Vielzahl verschiedener Formen von Arbeit nach und sind nicht arbeitslos.

Die Selbstbezeichnung von Personen, die aus dem Arbeitsmarkt ausgeschlossen sind und sich in Initiativen zusammenschließen, um ihre Interessen zu vertreten, folgt ebenfalls dem Begriff Erwerbslose bzw. Erwerbslosenbewegung. Damit soll verhindert werden, dass Lohnarbeit als die universelle Form von Arbeit gesetzt wird und alle anderen Formen von Arbeit indirekt abgewertet und unsichtbar gemacht werden. Begriffe wie diese spiegeln also gesellschaftliche Macht- und Wertvorstellungen wider. Denn indirekt wird mit dem Begriff der Arbeitslosigkeit dem Argument Vorschub geleistet, dass Erwerbslose untätig und faul sind, keine gesellschaftlich notwendige Arbeit leisten und somit auch keine „vollwertigen“, wertvollen Mitglieder der Gesellschaft sind.

Im Bereich der Arbeitsmarktforschung hat es sich mittlerweile weitgehend durchgesetzt, alle Kennzahlen für Männer und Frauen separat auszuweisen. Ein Headcounting – Köpfe nach Geschlecht zählen – ist in diesem Bereich der Ökonomie zu einer selbstverständlichen Analyseebene geworden. Dies kann als ein gewisser Erfolg der Frauenbewegung und der feministischen Forschung angesehen werden. Allerdings hat sich die Sichtweise, dass die Erwerbswelt (zumindest für Frauen) nur die halbe Arbeitswelt widerspiegelt und eine dementsprechende Sensibilität bei der Begriffswahl notwendig ist, noch nicht durchgesetzt. Zur zusätzlichen und genaueren Vermessung des Phänomens „Arbeitslosigkeit" sind in jüngster Zeit zusätzliche Indikatoren entwickelt worden. Zu diesen gehört beispielsweise die „Inaktivitätsrate": Diese umfasst Personen, die nicht erwerbstätig sind, aber aktiv keine Erwerbsarbeit suchen, oder die sogenannte „Unterbeschäftigung" – damit sind Personen gemeint, die erwerbstätig sind, aber gerne mehr Erwerbsarbeit hätten. Die gleichen Kritikpunkte, die von feministischer Seite gegenüber dem Wort Arbeitslosigkeit vorgebracht werden, lassen sich in ähnlicher Weise auch auf die neuen Indikatoren wie Unterbeschäftigung und Inaktivitätsrate vorbringen. Unterbeschäftigt? Inaktiv? Zu fragen ist abermals: Wer ist in Bezug worauf, wodurch und warum inaktiv und unterbeschäftigt?

Individual- versus Haushaltsbetrachtung

Eine wichtige Grundsatzentscheidung bei spezifischen ökonomischen Fragestellungen – bei Armutsfragen und der Einkommens- und Vermögensverteilung – ist die Beobachtungsebene: Soll die Lebenssituation von einzelnen Personen oder jene von Personen in ihrem Haushaltskontext betrachtet werden? Einem schnellen Reflex folgend würden feministische ÖkonomInnen wohl eher zur Individualbetrachtung neigen und Frauen (wie Männer) unabhängig von ihrem Familienstand/ihren Haushaltsmitgliedern/ihrer Haushaltskonstellation betrachten. Gerade in den konservativ-ökonomischen Theorietraditionen wurden Frauen nur allzu oft als Anhängsel der Familie betrachtet (sei es des Vaters oder des Ehemannes) oder als Mütter konzipiert. Der Reflex hat somit seine reale Berechtigung. Dennoch erweist sich die Bezugnahme auf die Haushaltsebene für gewisse Fragestellungen als sinnvoll. Eines der bekanntesten Beispiele hierfür sind Armut bzw. Armutsgefährdung. Eine Person wird als arm definiert, wenn ihr Einkommen, genau genommen ihr Äquivalenzeinkommen, unter 60

Prozent des Durchschnittseinkommens (Median) liegt. Wohnen zwei oder auch mehr Menschen zusammen, so sinken die durchschnittlichen Lebenshaltungskosten, da einige Gegenstände des Lebensbedarfs gemeinsam genutzt werden können. Einfach ausgedrückt: Zu zweit oder kollektiv wohnen und leben ist einfach billiger als alleine. Diesem Umstand trägt die Haushaltsbetrachtung Rechnung. Folglich werden zur Bestimmung der Armutsgefährdung nicht die individuellen Einkommen, sondern die zu einem fiktiven Pro-Kopf-Einkommen gebildeten Haushalts- bzw. Äquivalenzeinkommen herangezogen. Dafür werden die individuellen Einkommen der Haushaltsmitglieder zu einem Haushaltseinkommen zusammengezählt und in Abhängigkeit von Anzahl und Alter der im Haushalt lebenden Personen gewichtet. Diese Betrachtungsweise lässt allerdings außer Acht, wie das gemeinsame Haushaltsbudget dann tatsächlich verteilt wird und welches Haushaltsmitglied stärker von Armut betroffen ist als das andere. Werden Äquivalenzeinkommen wieder nach Geschlecht aufgeschlüsselt, hat das kuriose und gesellschaftspolitisch problematische Erkenntnisse zur Folge. Zur Veranschaulichung diskutieren wir im Folgenden die „Armutsgefährdung von erwerbstätigen Personen", unter anderem auch unter dem Schlagwort der „working poor" bekannt.

Working poor und die In-work at risk-of-poverty rate

Im Rahmen von EU-SILC, der Statistik über Einkommen und Lebensbedingungen, wird neben vielen anderen Armutsrisiken auch die Armutsgefährdung von Erwerbstätigen in Haushalten berechnet. Diese wird teilweise auch als *working poor* oder *In-work at risk-of-poverty rate* (Armutsgefährdung von Erwerbspersonen) bezeichnet und ist einer der auf EU-Ebene gemeinsam vereinbarten Indikatoren. Hierbei kommt es zu einem – zumindest vorerst – seltsam anmutenden Phänomen: Erwerbstätige Männer in Österreich weisen (2017) mit 8 Prozent[31] eine höhere Armutsgefährdungsquote auf als Frauen (7,4 Prozent). Auch in der Mehrheit der übrigen Staaten der EU-28 liegt das Armutsgefährdungsrisiko für Männer in erwerbstätigen Haushalten über jenem von Frauen (EU-28: Männer 9,8, Frauen 9,0 Prozent). Dieses Ergebnis erstaunt vor allem deshalb, da hinlänglich bekannt ist, dass Frauen in Österreich und Deutschland um rund ein Drittel weniger verdienen als Männer, ihre Durchschnittsgehälter dementsprechend niedriger sind, Frauen wesentlich öfter teilzeitbeschäftigt sind usw.

Der Grund für dieses Ergebnis ist konzeptionell bedingt: Der Armutsberechnung liegt, wie oben erwähnt, nicht das individuelle Erwerbseinkommen, sondern das zu einem fiktiven Pro-Kopf-Einkommen umgerechnete Äquivalenzeinkommen zugrunde. Dies bedeutet beispielsweise, dass ein gut verdienender Mann als armutsgefährdet bzw. working poor gilt, wenn er mit einer geringfügig beschäftigten Frau und drei Kindern in einem Haushalt lebt, weil sein Einkommen auf alle Haushaltsmitglieder – entsprechend der Äquivalenzskala – aufgeteilt wird. Umgekehrt gilt auch eine alleinverdienende Frau mit Kind, die in einer Niedriglohnbranche beschäftigt ist, als working poor, so ihr Einkommen unter der Armutsgefährdungsschwelle liegt. Zieht sie aber mit einer zweiten gutverdienenden Person zusammen, so gilt sie nicht mehr als armutsgefährdet, ungeachtet dessen, dass sich an ihrer individuellen Einkommenssituation nichts geändert hat. Denn ihr wird ein Teil des Einkommens der zweiten Person angerechnet. Dieses Konzept der Armutsberechnung basiert auf folgender Grundannahme: Alle Einkommen in einem Haushalt werden unter den Haushaltsmitgliedern gleich aufgeteilt – es werden also egalitäre

31 In Deutschland weisen Männer (8,1%) einen leicht niedrigeren Wert auf als Frauen (10,0%). Eurostat, Armutsgefährdungsquote von erwerbstätigen Personen 2017 (Quelle gilt für alle Zahlen in diesem Absatz): http://epp.eurostat.ec.europa.eu

Intra-Haushaltstransfers unterstellt. Diese lassen sich empirisch allerdings keinesfalls belegen, auf rechtlicher Ebene sind sie ohnehin nicht abgesichert, und widersprechen der Lebenserfahrung vieler Betroffener.

Für die Beschreibung von Frauenarmut in Verbindung mit Erwerbsarbeit ist diese Betrachtungsweise höchst problematisch. Fragestellungen nach Abhängigkeitsverhältnissen und nach individuellen Lebensgestaltungsmöglichkeiten – etwa die Möglichkeit, sich aus Beziehung, Ehe oder einem Haushaltszusammenhang zu lösen – bleiben bei dieser Form der Armutsbestimmung außen vor und verdecken somit strukturelle Benachteiligungen von Frauen. Auch Fragen nach niedrigen Löhnen, Lohnunterschieden und struktureller Diskriminierung am Arbeitsmarkt verschwinden in dieser einen Kennzahl, wenn nicht individuelle Einkommen und Arbeitsverhältnisse, sondern fiktive Familieneinkommen betrachtet werden. Personen mit einer guten Einkommensposition – Männer wie erwähnt häufiger als Frauen – gelten bei dieser Betrachtungsweise hingegen oft als arm, da ihr Einkommen nicht nur für sich selbst, sondern für den kompletten Haushalt ausreichen muss. Somit stützt dieses Modell die Sichtweise von Männern als „Ernährer" und „Familienerhalter".

Ein neuer alternativer Indikator versucht die Problematik von Äquivalenzeinkommen im Zusammenhang von Armut und Erwerbstätigkeit zu umgehen (Knittler/Heuberger 2018). Anstatt der Äquivalenzeinkommen werden die individuellen Einkommen herangezogen. Demnach wiesen erwerbstätige Frauen in Österreich (2015) mit einer Armutsgefährdungsquote von 19% ein deutlich höheres Risiko auf, trotz Erwerbsarbeit armutsgefährdet zu sein als Männer (8%). Zugleich war rund eine viertel Million (226.000) erwerbstätiger Frauen vom Einkommen ihrer Partner (oder Partnerinnen) abhängig, um nicht als armutsgefährdet zu gelten.

Zahlen, die fliehen: Prekarisierung und prekäre Statistiken

Prekär bedeutet wörtlich übersetzt schwierig, unsicher, widerruflich. Der Begriff kann sich sowohl auf die Erwerbstätigkeit (geringes und/oder unsicheres Einkommen, verschiedene Formen atypischer Beschäftigung) als auch auf die Lebenssituation insgesamt beziehen. Wesentlich für die Bestimmung *prekär* sind die konkreten Arbeits- und Lebensbedingungen, die in einem hohen Ausmaß auch von subjektiven und Haushaltsfaktoren abhängig sind. All dies umfasst Rahmenbedingungen, die über statistische Fragestellungen weit hinausgehen. *Prekarisierung*

eroberte sich sowohl in der wissenschaftlichen Arbeitsmarkt- und Sozialforschung als auch innerhalb der sozialen Bewegungen einen fixen Ort der Auseinandersetzung. Als Ausdruck der Sichtbarkeit wird mittlerweile in zahlreichen europäischen und einigen außereuropäischen Städten am 1. Mai der Mayday – die Parade der prekär Lebenden – als Alternative zu traditionellen Erste-Mai-Aufmärschen begangen.

Wie viele sind es? Diese Frage wird oft im Zusammenhang von Prekarisierungsdebatten gestellt. Die Quantifizierung des Phänomens steht jedoch den qualitativen Charakteristika entgegen. Von welchen Problemlagen der Versuch einer Quantifizierung von Prekarisierung begleitet wird, soll mittels eines Streifzuges durch die Statistiklandschaft veranschaulicht werden. So bieten Einkommens- und die im vorhergehenden Abschnitt angesprochenen Armutsstatistiken mögliche Anhaltspunkte für eine Annäherung an die Frage nach der Prekarität in Zahlen. Die Arbeitslosenstatistik könnte unter Einbeziehung der versteckten Arbeitslosigkeit – etwa von Personen, die sich in Arbeitsmarktschulungen befinden – oder von Personen, die keinen Arbeitslosenanspruch haben und deshalb nicht beim Arbeitsamt gemeldet sind, oder von Personen, die aufgrund fehlender Betreuungsplätze für Kinder keine Arbeitsstelle annehmen können, erweitert werden. So könnte ein differenzierteres Bild über die Arbeitslosigkeit, und somit über Teilaspekte der Prekarisierung, gezeichnet werden als unter ausschließlicher Verwendung der „offiziellen" Arbeitslosenzahlen. Aber selbst bei einer differenzierten Betrachtung werden viele qualitative Aspekte (wie repressiv die Zugangsbestimmungen zur Arbeitslosenversicherung ausgestaltet sind, mit wie viel Unsicherheit, Angst oder auch Wut die Arbeitslosigkeit verbunden ist), die für ein Bild von Prekarität bestimmend sind, durch die Statistik nicht erfasst.

Die Entwicklung der Sozialhilfe- oder Mindestsicherungs-bezieherInnen (in Österreich) und von Arbeitslosengeld-II-BezieherInnen (in Deutschland) wäre ein weiterer Anhaltspunkt, um
Prekarisierung zu erfassen. Auch hier gilt es zu berücksichtigen, dass nicht alle Personen, die aufgrund ihrer individuellen Einkommenssituation anspruchsberechtigt wären, die angesprochenen Leistungen beziehen können, da das Einkommen des Ehepartners oder der Lebenspartnerin bei der Berechnung der Anspruchsberechtigung hinzugerechnet wird. Unter Annahme, dass das Haushaltseinkommen für alle zugänglich ist, soll der Partner für den finanziellen Unterhalt des anderen sorgen. Durch diese sozialrechtliche Ausgestaltung von Sozialhilfe/Mindestsicherung/Arbeitslosengeld II werden Abhängigkeitsverhältnisse innerhalb der Beziehungen und Lebensgemeinschaften geschaffen oder verfestigt und so der Logik eines Ernährermodells entsprochen. In der Sozialhilfestatistik taucht jene Person, die aufgrund des zu hohen Partner(Innen)einkommens keine Unterstützungsleistungen bekommt, nicht auf, ihre Lebensumstände sind aller Voraussicht nach aber dennoch prekär. Aus der Statistik lässt sich dieser Umstand nicht ablesen, genauso wenig wie die Tatsache, dass viele Anspruchsberechtigte keinen Antrag auf diese Leistungen stellen, weil sie mit sozialer Stigmatisierung rechnen, Angst vor Rückzahlungspflichten haben oder der Informations- und Verwaltungsaufwand zu hoch ist.

Jenseits all dieser Schwierigkeiten mit den Statistiken selbst gibt es noch jene Bereiche der Prekarisierung, die mit Statistik gar nicht oder nur unzureichend erfasst sind, wie beispielsweise die Lebenssituation und Arbeitsbedingungen von illegalisierten Arbeitskräften als Reinigungs- und Pflegekräfte in Privathaushalten, als BauarbeiterInnen, SexarbeiterInnen, Saisonniers, ErntehelferInnen oder im Bereich der Gastronomie und des Tourismus.

In Summe erweisen sich die Statistiken als unzulänglich, um eine komplexe Thematik wie jene der Prekarisierung zu erfassen. Festzuhalten bleibt: Es gibt vieles, das die Statistik nicht ausrechnen kann. Prekarität ist kein Begriff, der sich allein über quantitative Aspekte fassen lässt, sondern ist vielmehr maßgeblich durch qualitative Eigenschaften bestimmt und entzieht sich somit dem Zugriff der Statistik. So wird die Statistik selbst zu dem, was sie eigentlich zu fassen versucht: prekär – im Sinne von unsicher und widerruflich.

Ökonometrie: Aus Zahlen neue Zahlen machen oder Formeln mit großem „I"

Ökonometrie ist kurz gefasst die Verbindung von Ökonomie und Statistik bzw. die Bearbeitung ökonomischer Fragestellungen mit statistischen Verfahren. Die Verknüpfung zwischen beiden Disziplinen ist vergleichsweise jungen Datums. Ihr Siegeszug scheint dafür kaum aufzuhalten zu sein. Erste Schritte in diese Richtung erfolgten erst um die Jahrhundertwende, 1930 wurde die Gesellschaft für Ökonometrie gegründet und seit 1933 erscheint das *Journal Econometrica* (Desrosières 2005, 182 ff., 314 ff.). Nach dem Zweiten Weltkrieg kam es zu einer starken Verbreitung und thematischen Ausdifferenzierung. Die durch ökonometrische Verfahren behandelte Themenpalette ist mittlerweile sehr breit und reicht von makroökonomischen Modellen bis hin zu arbeitsmarkttheoretischen und spezifischen mikroökonomischen Fragestellungen. Die feministische oder gendersensible Variante hiervon sind Formeln mit großem „I“. Damit ist gemeint, dass die mathematischen Formeln nicht nur mit einem Geschlecht arbeiten, sondern mit je einer „Dummy“-Variable für Männer und für Frauen die Unterschiede der Individuen berücksichtigen. Diese Variablen sollen signifikante Unterschiede zwischen den Geschlechtern einfangen.

Unter feministischen Ökonominnen erfolgte eine breit angelegte Debatte über methodische Fragestellungen: Inwiefern können ökonomische Methoden/ökonometrische Modelle für feministische Fragestellungen übernommen werden? Braucht es aus feministischer Perspektive komplett neue Methoden oder können bestehende Methoden um feministische Belange adaptiert und erweitert werden? Ist eine breitere Methodenvielfalt unerlässlich? Die kritische Auseinandersetzung mit diesen Fragen resultiert meist in der Einschätzung, dass Adaptionen möglich und sinnvoll sind, feministische Fragestellungen jedoch nicht allein im Rahmen einer mathematisierten Ökonomie behandelbar sind (Jacobsen 2003; Pujol 1997; Redmount 1995). Weitgehende Übereinstimmung zeigen feministische Ökonominnen in dem Punkt, dass unter der zunehmenden Mathematisierung der Ökonomie sowohl die inhaltliche als auch die gesellschaftspolitische Relevanz der behandelten Themen leiden: „Ökonomische Arbeiten bestechen durch ihr hohes logisches und mathematisches Niveau, sind aber inhaltlich so dünn, dass sie jeglicher Relevanz entbehren.“ (Nelson 2000, 95, eigene Übersetzung).

Ein Klassiker feministisch-ökonomischer Fragestellungen, der in die Welt der Ökonometrie Einzug gehalten hat, sind die geschlechtsspezifischen Einkommensunterschiede, die in der Fachliteratur als *Gender-Wage-Gap* bezeichnet werden. Das ökonometrische Berechnungsverfahren ist hierbei für die kleinstmögliche geschlechtsspezifische Einkommensdifferenz zuständig: Für jenen Unterschied, der verbleibt, wenn Männer und Frauen sich durch kein einziges Merkmal außer dem Geschlecht unterscheiden – das ist der bereinigte Gender-Wage-Gap.

Mind the Gap: Der Gender-Wage-Gap

Die Berechnung und Thematisierung von Einkommensunterschieden zwischen Männern und Frauen zählt seit jeher zu den Kernthemen der feministischen Ökonomie. Die quantitative Dimension von Einkommensunterschieden lässt sich auf unterschiedlichen Ebenen betrachten. Die scheinbar einfache Frage, um wie viel Frauen weniger verdienen als Männer, kann mit mehreren Zahlen beantwortet werden: 37[32], 20[33] und 14[34] Prozent für

Österreich und 38[35], 21[36] und 6[37] Prozent für Deutschland. All die genannten Antworten sind richtig, spiegeln aber jeweils einen unterschiedlichen Aspekt der Ungleichheit wider. Bei der jeweils zuerst genannten Zahl handelt es sich um jenen gesamten Einkommensunterschied zwischen Männern und Frauen, der auch die unterschiedliche Verteilung der Geschlechter zwischen Vollzeit- und Teilzeitbeschäftigung inkludiert. Es werden die verfügbaren Bruttojahresgehälter von Männern und Frauen verglichen. Bei der zweiten Zahl handelt es sich um den Vergleich von Stundenlöhnen und somit um einen Arbeitszeit-bereinigten Vergleich. Hierbei wird der Umstand, dass Frauen wesentlich öfter als Männer Teilzeit arbeiten, berücksichtigt. Österreich und Deutsch-

32 Bruttojahreseinkommen, Vollzeit- und Teilzeit zusammen, 2018; siehe statistik.at.

33 Bruttostundenverdienste, nichtbereinigter Gender-Wage-Gap 2017; siehe ec.europa.eu.

34 Geisberger/Glaser (2017).

35 Bruttojahresverdienste (mit Sonderzahlungen), Vollzeit und Teilzeit zusammen, 2014; siehe destatis.de.

36 Bruttostundenverdienste, nichtbereinigter Gender-Wage-Gap 2017; siehe ec.europa.eu.

37 Bereinigter Gender-Wage-Gap; siehe destatis.de.

land zählen innerhalb der EU zu den Ländern mit den größten Unterschieden.[38] Bei der dritten Zahl wird die sogenannte „reine" Diskriminierung gemessen, also jene Ungleichheit, die scheinbar allein auf das unterschiedliche Geschlecht zurückzuführen ist. Die Fragen, wie dieser sogenannte bereinigte Gender-Wage-Gap berechnet wird und welche Problemstellungen damit einhergehen, werden im Folgenden genauer betrachtet.

Die Berechnung des Gender-Wage-Gap beruht auf einem ökonometrischen Verfahren, welches auf Regressionsanalysen aufbaut und als Oaxaca-Blinder-Modell bekannt ist. Ziel des Verfahrens ist es, die „reine" Diskriminierung aufgrund des Geschlechts zu errechnen (Weichselbaumer/Winter-Ebner 2006). Der Umstand, dass Frauen häufiger in schlechter bezahlten Branchen (horizontale Segregation am Arbeitsmarkt) und seltener in höheren Hierarchieebenen (vertikale Segregation am Arbeitsmarkt) arbeiten sowie die Tatsache, dass Frauen sich in der Arbeitswelt durch eine Reihe weiterer Merkmale (Bildung, Alter, Länge der Betriebszugehörigkeit etc.) von Männern unterscheiden, sollen gewissermaßen herausgerechnet werden. In der Fachsprache der Ökonomie werden die personenbezogenen Unterschiede als „Ausstattungseffekte" bezeichnet. Zur Berechnung der um die Ausstattungseffekte bereinigten Diskriminierung werden „Zwillinge" von Männern und Frauen gebildet, die sich jeweils in derselben Branche, in derselben Hierarchie befinden und auch sonst mit identischen Merkmalen ausgestattet sind. Dann werden die Einkommen der beiden „Zwillinge" verglichen. Der verbleibende, aus der Differenz der beiden Einkommen resultierende Einkommensunterschied wird *reine Diskriminierung* genannt. Der erste Teil der Formel des Oaxaca-Blinder-Modells (die Bildung der „Zwillinge") gibt jene Aspekte des Einkommensunterschiedes an, die

38 Österreich lag 2016 nach Estland, Tschechien, Deutschland und dem Vereinigten Königreich auf dem fünften Platz.

auf unterschiedliche „Ausstattungseffekte" zurückgeführt werden können. Der zweite Formelteil gibt die „reine Diskriminierung" an, also jenen Teil des Einkommensunterschiedes, der auf keinen dieser Aspekte zurückzuführen ist und somit nicht erklärt werden kann. Diesen verbleibenden Teil bezeichnen die AutorInnen dieser Berechnungen wahlweise als „unerklärter Rest" oder als „reine Diskriminierung".

Das dem Oaxaca-Blinder-Modell zugrundeliegende mathematisch komplexe Verfahren ermöglicht einen Erkenntnisgewinn, der mit einfacheren Rechenmethoden nicht zu generieren wäre. Die Kritikpunkte, auf die wir eingehen möchten, beziehen sich

somit nicht auf das Modell an sich, sondern erstens auf die Frage, welche Variablen zur Bereinigung herangezogen werden, und somit darauf, um welche Faktoren der Einkommensunterschied sinnvollerweise bereinigt werden soll, und zweitens auf die Ergebnisinterpretation und deren theoretische Einbettung.

1) Voraussetzung für die Berechnung ist, dass im Datensatz genügend Informationen über die sogenannten Ausstattungseffekte von Männern und Frauen vorhanden sind. Nicht immer hält jeder Datensatz alle gewünschten Informationen bereit. Dies wäre noch kein prinzipielles Problem, da auf derartige Einschränkungen im Text und bei der Ergebnisdarstellung eingegangen werden kann. Teilweise stellt sich bei der Berechnung des Gender-Wage-Gap aber auch das umgekehrte Problem: Von einigen ÖkonomInnen wird relativ willkürlich alles herausgerechnet, was sich herausrechnen lässt (einfach weil Variablen dafür vorhanden sind), ohne dies für die behandelte Fragestellung inhaltlich zu begründen. So zum Beispiel für die Frage, ob eine Person verheiratet ist oder nicht. In den seltensten Fällen findet eine Auseinandersetzung darüber statt, warum dies getan wird. Gegenüber dem österreichischen Gesetzgeber gilt eine Bevorzugung oder Benachteiligung von ArbeitnehmerInnen aufgrund des Familienstandes als Diskriminierung. In dieser Berechnungsvariante der Berechnung

von Diskriminierung mit dem Oaxaca-Blinder-Modell offenbar nicht: Wenn die Fragestellung darauf ausgerichtet ist, zu berechnen, wie hoch der Anteil der reinen Diskriminierung ist, macht es keinen Sinn, einen Teil des Einkommensunterschiedes, der auf Diskriminierung – nämlich die Diskriminierung aufgrund des Familienstandes, die auch mit einer geschlechtlichen Diskriminierung einhergehen kann – zurückzuführen ist, herauszurechnen.

2) Die zahlreichen Publikationen zum Gender-Wage-Gap weisen in der Ergebnisinterpretation ein mehr oder weniger breites Spektrum auf. Sie lassen sich grob in zwei Gruppen einteilen, auch wenn die Übergänge zwischen beiden fließend sind. Bei der ersten Gruppe erfolgt eine thematisch sensiblere und bei der zweiten eine verkürzte, neoklassisch geprägte Ergebnisinterpretation. Bei den thematisch sensibleren AutorInnen erfolgt eine reflektierte Haltung in Bezug auf die Ergebnisse: Einerseits weisen sie darauf hin, dass es zu einer Unterschätzung der „reinen Diskriminierung" kommen kann, da Aspekte der reinen Diskriminierung auch im „erklärten" Teil beinhaltet sein können. Andererseits könnte das Phänomen auch überschätzt werden, da ebenso im „unerklärten" Rest erklärbare Aspekte zu finden wären, die aber aufgrund fehlender Informationen nicht herausgerechnet werden können. Des Weiteren wird darauf aufmerksam gemacht, dass Teile der „erklärten" Einkommensdifferenz (beispielsweise die Konzentration von Frauen auf Branchen mit niedrigen Löhnen) auf ungleiche Chancen am Arbeitsmarkt zurückgeführt werden können.

Am anderen Ende des Interpretationsspektrums stehen AutorInnen, die der neoklassischen Theorietradition zuzuordnen sind. Dies schlägt sich unter anderem in der Begriffswahl wider. Der „erklärte" Unterschied wird beispielsweise als „faire" Diskriminierung bezeichnet, wenngleich die AutorInnen „fair" meist unter Anführungszeichen setzen. Weit häufiger als „fair" wird die weniger affirmative und dafür sachlicher klingende Bezeichnung „Produktivitätsunterschied" gewählt. Den erklärten Unterschieden liegen nämlich unterschiedliche „Ausstattungen“ (Ausbildung, Alter) der Erwerbstätigen zugrunde, die mit unterschiedlichen Produktivitäten der Erwerbstätigen einhergehen. Unterstellt wird damit von den AutorInnen – und das behauptet auch die neoklassische Arbeitsmarkttheorie –, dass die vom Markt gesetzten Entlohnungen auf real existierenden Produktivitätsunterschieden beruhen und eine dementsprechende Entlohnung fair sei. Die feministische Forderung, „Gleicher Lohn für gleiche Arbeit!“, meint aber nicht nur denselben Lohn für genau die gleiche Arbeit, sondern auch für gleichwertige Arbeit. Dass eine (horizontale) Segregation des Arbeitsmarktes, also die Existenz von klassischen Frauen- und

klassischen Männerbranchen, auch mit teilweise eklatanten Einkommensunterschieden einhergeht, hat genau mit dieser ungleichen Bewertung von Arbeit zu tun. Dies als „fair“ zu bezeichnen oder ausschließlich auf unterschiedliche Produktivitäten, die vom Markt objektiv bestimmt sein sollen, zurückzuführen ist euphemistisch, reduktionistisch und weit entfernt von einer emanzipativen Ökonomietheorie. Zur Verteidigung dieser Interpretation könnte vonseiten neoklassischer TheoretikerInnen angeführt werden, dass die (neoklassische) Ökonomie auf einem anderen Diskriminierungsbegriff beruht, als von der derzeitigen Gesetzgebung definiert, und dass das „ökonomische“ Verständnis von Diskriminierung ebenfalls von einem sozialwissenschaftlichen Diskriminierungsbegriff verschieden ist. Aber warum, fragen wir, sollten sich feministische Ökonominnen einem derart beschränkten Verständnis von Diskriminierung anschließen? Obgleich in neoklassisch gerahmten Artikeln zur Berechnung des Gender-Wage-Gaps Kernthemen der feministischen Ökonomie verhandelt werden, fällt es schwer, diese Artikel als feministisch zu bezeichnen. Auf Ebene der Ergebnisanalyse fallen diese AutorInnen vor die Erkenntnisse der Ersten und der Zweiten Frauenbewegung zurück.

Care-Arbeit und soziale Reproduktion

Die aktuell wohl wichtigste Debatte feministischer Ökonomie kreist um die Bedeutung und die Organisation von Care-Arbeit und Reproduktionsarbeit im, vor und nach dem Kapitalismus. Unterschiedliche Begriffe wurden und werden verwendet, diese Arbeit und ihre Organisation, die in der privaten und öffentlichen Sphäre meist von Frauen erledigt wird, zu bezeichnen. Wir werden auf die wichtigsten in diesem Kapitel Bezug nehmen: soziale Reproduktion; Haus- und Reproduktionsarbeit; Care-Ökonomie, Care-Arbeit, Sorgearbeit; migrantische Haushaltsarbeit; affektive Arbeit; globale Betreuungsketten. Begriffe stehen freilich in Zusammenhang mit bestimmten Denktraditionen und politischen Stellungnahmen. Das bedeutet, dass unterschiedliche Begriffe zwar manchmal scheinbar das gleiche bezeichnen, aber das Bezeichnete unterschiedlich fassen und unterschiedliche Schlussfolgerungen für die (politische) Praxis nach sich ziehen. Welche Begriffe auch verwendet werden, den Debatten ist gemein, dass sie den aus den traditionellen ökonomischen Theorien ausgeblendeten Bereich der Reproduktionsarbeit und Care-Arbeit ins Zentrum stellen und theoretisch wie empirisch zu erklären versuchen.

Das vorliegende Kapitel beginnt mit dem Vergleich und der Diskussion von zwei zentralen Begriffsgruppen der feministischen Ökonomie, die sich in ihrer Entstehungsgeschichte, in ihrer theoretischen Einbettung, darin, was sie bezeichnen und erfassen wollen, und den aus der Analyse resultierenden politischen Konsequenzen unterscheiden: Reproduktion bzw. Reproduktionsarbeit und Care-Ökonomie bzw. Care-Arbeit. Im Anschluss werden wir auf zwei Phänomene eingehen, die die Organisation von Care-

und Reproduktionsarbeit kennzeichnen und gleichzeitig in einem Spannungsverhältnis zueinander stehen: Das sind einerseits die zunehmende Vermarktlichung von Tätigkeiten der Care-Ökonomie und andererseits der spezifische Charakter von Arbeit, die mit der Sorge um andere verbunden ist. Schließlich sollen die globale Dimension der sozialen Reproduktion und die damit zusammenhängenden Arbeits- und Geschlechterverhältnisse in den Blick genommen werden.

Von der Reproduktionsarbeit zur Care-Ökonomie

Warum ist es uns wichtig, zwischen Begrifflichkeiten, die

doch eigentlich das gleiche bezeichnen, zu unterscheiden? Es geht uns hierbei weniger darum, einen bestimmten Jargon präzise und kohärent zu verfolgen und seine Verwendung zu argumentieren. Vielmehr wollen wir nachvollziehen, wieso Care in aller Munde ist und die Debatten um Reproduktionsarbeit irgendwie verstaubt wirken. Wir wollen uns an dieser Stelle der Frage widmen, warum wir die Reproduktionsarbeit und ihre analytische Einbettung nicht vergessen sollten und was sie von der Care-Debatte unterscheidet.

Soziale Reproduktion und Reproduktionsarbeit

Soziale Reproduktion und Reproduktionsarbeit sind Begriffe aus der marxistischen Tradition und verweisen auf die Totalität der (kapitalistischen) Vergesellschaftung. Soziale Reproduktion kann als Wiederbelebung oder Wiederherstellung der Bevölkerung im Alltäglichen und generationsübergreifend definiert werden. Sie schließt dabei die physische Reproduktion mit ein sowie die Weitergabe von historisch entwickelten, geschlechtlich strukturierten Normen, Werten, Fähigkeiten und Wissen über Generationen hinweg. Der Begriff der sozialen Reproduktion bezieht sich somit auf verschiedene Ebenen: Er beinhaltet die Fürsorgearbeit, die notwendig ist für die biologische Reproduktion und für die Reproduktion der menschlichen Arbeitskraft sowie für die

Reproduktion der sozialen und kulturellen Werte von Gesellschaften (vgl. Bakker 2007, 541).

(Soziale) Reproduktion und Reproduktionsarbeit sind historisch parallel zur Lohnarbeit mit Beginn des industrialisierten Kapitalismus entstanden und wurden erst im Zuge der Zweiten Frauenbewegung als analytische Kategorien in Abgrenzung zur Sphäre der Produktion und Lohnarbeit entwickelt. Insbesondere ging es hier darum, unbezahlte Tätigkeiten der sozialen Reproduktion, die im Familien-Haushalt-System erbracht werden, als relevanten und genuinen Bestandteil der Kritik der Politischen Ökonomie einzufordern und ihre Funktion und spezifischen Funktionsweisen für die kapitalistische Geld-Waren-Ökonomie zu erklären (vgl. Haug 1996). Darüber hinaus lancierte die Frauenbewegung sozialistischer Prägung mit der Hausarbeitsdebatte eine Perspektive auf die Reproduktionssphäre, die diese auch als Ort der Widerständigkeit und alternativer Sichtweisen von Ökonomie begriff. Die Hausarbeitsdebatte war Teil einer feministischen Bewegung, die sich als Befreiungsbewegung aus patriarchaler Unterdrückung und dem Kapitalismus verstand.

Die Auseinandersetzung um die Erledigung und Organisation von Reproduktionsarbeit verlagerte sich, als sich politische Anliegen der Frauenbewegung entradikalisierten und institutionalisierten. Weit weniger bewegungspolitisch unterlegt wurde das Thema selbst, nämlich die ungleiche, geschlechtsspezifische Verteilung von Zeit zwischen Freizeit, Lohnarbeit und Hausarbeit, im Rahmen (feministischer) universitärer Wissensproduktion weiter bearbeitet. Gleichzeitig hat das Thema auch Eingang gefunden in institutionell-reformatorische Debatten, wie mit der leidigen Hausarbeit, Kinder- und Altenbetreuung umzugehen sei. Dabei stehen die beschränkte Erwerbsbeteiligung von Frauen durch Betreuungspflichten, die unterbewertete bzw. unterbezahlte Lohnarbeit im Care-Sektor und der Ausbau der persönlichen und sozialen Dienstleistungsökonomie im Zentrum. Die Auseinandersetzung mit dem Thema der Reproduktions- und Hausarbeit lebt heute also unter anderen Vorzeichen, an unterschiedlichen Orten und mit anderen Begrifflichkeiten fort. Damit kommen wir zum Begriff Care.

Der Care-Boom

Care ist eigentlich ein englischer Ausdruck, der mit „sich sorgen, kümmern, auf jemanden Acht geben" übersetzt werden kann. In allen möglichen Kombinationen wird Care mit deutschsprachigen Ausdrücken verbunden: Care-Ökonomie, Care-Arbeit, Care-Arbeiterin, Care-Bereich, Care-Diamant, Care-Sektor. Was ist nun – abgesehen von einer einfachen Übersetzung – mit dem Begriff Care gemeint?

Als Care-Ökonomie wird jener Bereich der Ökonomie bezeichnet, in dem Tätigkeiten erbracht werden, die die Fürsorge von Menschen und ihrer Umgebung sowie eine starke persönliche und emotionale Dimension beinhalten. Sie können in allen Sektoren der Wirtschaft, also marktvermittelt, auf staatlicher oder gemeinwirtschaftlicher Ebene oder innerhalb des privaten Haushaltes erbracht werden (vgl. Folbre 2006, 2; Gubitzer/Mader 2011). Sie können bezahlt oder unbezahlt; formell oder informell; sozial abgesichert oder nicht abgesichert erledigt werden.

Die Care-Ökonomie als wichtiger Strang der feministischen Ökonomie wurde als theoretisches Konzept entwickelt, mit dem Anspruch „das Nebeneinander und die Verflochtenheit der bezahlten und unbezahlten Arbeit und die damit verbundenen Arbeitsverhältnisse und generell Produktionsverhältnisse als Gesamtes [zu analysieren] (…) [und] den Dualismus zwischen dem Ökonomischen und der ‚anderen Ökonomie' (…) zu durchbrechen" (Madörin 2010, 84). Werden in weiterer Folge unbezahlte Arbeit und Care-Arbeit im Allgemeinen als dem ökonomischen Prozess innewohnende Faktoren betrachtet, muss das auch Auswirkungen auf deren Berücksichtigung in ökonomischen Modellen haben, die marktwirtschaftliche Prozesse beschreiben und erklären. Der Einsatz von unbezahlter Arbeit und Care-Arbeit hat direkten oder indirekten Einfluss auf Entscheidungen der involvierten AkteurInnen bezüglich ihres Investitions-, Konsum-, Sparverhaltens und ihres Verhaltens auf dem Arbeitsmarkt (vgl. van Staveren 2010b). Somit hat „Fürsorge" als menschliche Motivation Effekte, die makroökonomische Größen wie das Angebot an verfügbaren Arbeitskräften, die Konsum- und Sparquote oder die Investitionsquote beeinflussen.

Ein Vergleich und Versuch einer Präzisierung

Care-Arbeit umfasst also Haus- und Reproduktionsarbeit, setzt allerdings das Tätigkeitsfeld und dessen Ausgestaltung und Relevanz für das (bestehende) ökonomische System in den Mittelpunkt. Weniger zentral ist die grundsätzliche Frage der Bezahlung oder Nichtbezahlung, der Funktion von Care-Arbeit für die Aufrechterhaltung des Kapitalismus und auch die Forderung nach einer von Lohn- und unbezahlten Hausarbeit befreiten Gesellschaft, wie es bei der Debatte um die Reproduktionsarbeit der Fall war. Zwar ist beiden Debatten gemeinsam, die zwei Sphären von Ökonomie – nämlich einerseits die der kapitalistischen Verwertungslogik (Märkte) sowie des Wettbewerbs und andererseits die Sphäre der Reproduktion oder die des Sozialen sowie Fürsorgenden – zusammenzubringen und analytisch zu verknüpfen. Das passiert allerdings unter unterschiedlichen konzeptionellen Vorgangsweisen.

Frigga Haug stellt in einer historischen und bewegungsorientierten Rückschau die Begriffe Care und Reproduktion gegenüber. Sie kommt zu der kritischen Schlussfolgerung, dass der „Standpunkt der Care-Ökonomie nicht der einer befreiten Gesellschaft, in der alle nach ihren Fähigkeiten füreinander tätig sind, sondern der Standpunkt einer innerkapitalistischen Reformpolitik [ist]." (Haug 2012, 89) Durch die undifferenzierte Vermischung von allen möglichen Tätigkeiten, die für das Wohl der Menschen notwendig sind, seien sie bezahlt oder unbezahlt, formal oder informell, öffentlich oder privat, entbehrt die auf der Care-Ökonomie basierende Analyse der Berücksichtigung von zwei wichtigen Herrschaftsverhältnissen: „die Eingebundenheit der Dienstleistungen (der Care-Ökonomie) in Tauschbeziehungen, also die kapitalismuskritische Betrachtungsweise, und die der persönlichen Dienstbarkeit, also die patriarchatkritische" (Haug 2013, 90). Es fehlen also zwei Dimensionen systemkritischer Betrachtung auf die Rolle der bezahlten und unbezahlten Arbeit, die in und für die Reproduktionssphäre geleistet werden. Die Care-Debatte – zumindest in ihrer akademischen und institutionellen Ausgestaltung – ist keine, die die kapitalistische Verwertung von Lohnarbeit und Care-Arbeit grundsätzlich in Frage stellt. Stattdessen soll pragmatisch auf die Leerstelle von Sorgearbeit in der Mainstream- und der heterodoxen Ökonomietheorie verwiesen und umsetzbare Lösungen für ihre Organisation gefunden werden. Die Reformidee verdrängt die Befreiungsidee.

Nach der Lohn-für-Hausarbeitsdebatte hat es im deutschsprachigen Raum sowohl in der theoretischen wie in der politischen Auseinandersetzung eine lange Pause gegeben, sich eingehend mit Reproduktionsarbeit zu beschäftigen. Irgendwie wirkte es altmodisch und schon Tausende Male durchgekaut, sich systematische Gedanken über bezahlte und unbezahlte Arbeit im Haushalt zu machen. Erst als der Sektor unter den Vorzeichen neuer (internationaler) Machtverhältnisse an Dynamik zulegte und Care-Arbeit in zunehmendem Maße bezahlt abgewickelt wurde, rückte der schlafende Riese wieder ins Zentrum feministisch-ökonomischer und politischer Diskussionen. Warum aber wurde nicht an die begriffliche Tradition der Reproduktionsarbeit angeknüpft? Wirkt der Begriff Reproduktionsarbeit so „retro"? Oder passt der Begriff wirklich nicht mehr, da wir es mittlerweile mit anderen gesellschaftspolitischen Phänomenen rund um die Reproduktionsarbeit zu tun haben? Es geht nun nicht vorwiegend darum, unbezahlte Arbeit sichtbar zu machen und zu thematisieren. Reproduktionsarbeit wurde selbst zum Gegenstand der „sichtbaren Marktwirtschaft": zuerst im Zuge des Ausbaus des Wohlfahrtsstaates in den 1970er-Jahren und dann durch die zunehmende Privatisierung seit den 1980er-Jahren. Der Begriffswechsel ist augenscheinlich einer gesellschaftspolitischen Entwicklung geschuldet, gleichzeitig bleibt der Begriff unscharf. Wiederum unter Bezugnahme auf Frigga Haug (2012) wollen wir vorschlagen, zumindest drei Gruppen von Care-Tätigkeiten abzugrenzen, die unterschiedlichen Arbeits-, Geschlechter- und anderen Machtverhältnissen unterliegen:

1) Tätigkeiten, die in Form eines formellen und potentiell kollektiv verhandelbaren Dienstverhältnisses, das sozial- und arbeitsrechtlich abgesichert ist, und im Rahmen einer profit- oder nichtprofitorientierten Organisation ausgeführt werden. Diese umfassen z. B. die Arbeit für Kindergärten, Krankenhäuser, Altenheime oder Reinigungsunternehmen sowie für Vereine oder Unternehmen, die persönliche Dienstleistungen für private Haushalte anbieten. Der ausschlaggebende Faktor für diese Form der Bewerkstelligung von Care-Arbeit ist, dass es Belegschaften gibt, die kollektiv gegenüber ihrem Arbeitgeber auftreten können.

2) Tätigkeiten, die in informellen, kolonial geprägten und „unfreien" (Federici 2012, 72) Arbeitsverhältnissen ohne oder mit eingeschränkter arbeits- und sozialrechtlicher Absicherung stattfinden. Damit ist Arbeit gemeint, die zwar bezahlt wird, allerdings nicht unter den Bedingungen freier und mit (praktisch durchsetzbaren) Rechten ausgestatteter Vertragsverhältnisse. Sie umfasst vor allem Haushalts- und Pflegetätigkeiten, die für den Privathaushalt, der gleichzeitig als Arbeitgeber und Klient auftritt, erfolgt. Das Arbeitsverhältnis ist in hohem Maße individualisiert und wenig abgesichert; die kollektive Organisierung der ArbeiterInnen erfolgt fast ausschließlich über Selbstorganisation außerhalb

des Arbeitsortes. Der private Haushalt als Arbeitgeber und Austragungsort von bezahlter Reproduktionsarbeit gewinnt insbesondere dort an Bedeutung, wo öffentlich bereitgestellte oder subventionierte Dienstleistungen fehlen.

3) Unbezahlte Tätigkeiten zur Bewerkstelligung der materiellen Versorgung und generativen Reproduktion – das heißt die altbekannte Haus-und Betreuungsarbeit, die von Familienmitgliedern im Haushalt unbezahlt gemacht wird.

Diese drei Gruppen von Tätigkeiten, welche die Reproduktion von Gesellschaften gewährleisten, ergänzen sich notwendigerweise, da lebenswichtige Tätigkeiten erledigt werden *müssen.* Nehmen wir die dritte Form – die unbezahlte Arbeit – als Ausgangspunkt für Überlegungen, wie Care-Arbeit verteilt sein kann. Soll die Belastung durch unbezahlte Arbeit verringert werden, können nach Madörin (zitiert nach Knobloch 2013, 61) vier Varianten unterschieden werden, um diese neu zu organisieren: Die Arbeit kann schlicht *vermieden*, also einfach nicht mehr erledigt werden. Bei mancher Arbeit mag dies relativ leicht gelingen (z. B. Teppichfransen frisieren, Messingklinken putzen oder Unterhosen bügeln). Manch andere Arbeit ist jedoch nicht zu vermeiden, sondern muss so oder anders bewerkstelligt werden. Die zweite, auch nur beschränkt brauchbare Variante, besteht in der *Veränderung* unbezahlter Hausarbeit, z. B. unter Zuhilfenahme von technischen Hilfsmitteln (Geschirrspüler, Waschmaschine). Drittens kann unbezahlte Arbeit *verteilt* werden, und zwar auf andere große und kleine Haushaltsmitglieder, wie es in der „Halbe-Halbe“-Kampagne einer österreichischen Frauenministerin in den 1990er-Jahren propagiert wurde. Oder sie kann kollektiv neu organisiert werden. Wir vertiefen diesen wichtigen Aspekt im Abschlusskapitel des vorliegenden Buches. Schließlich kann die Arbeit vom unbezahlten in den bezahlten Bereich *verlagert* werden, das heißt entweder über den Markt oder die öffentliche Hand monetarisiert werden.

Dieser zunehmend wichtig werdende Prozess der Vermarktlichung von vormals unbezahlter Arbeit wird Gegenstand des nächsten Abschnitts sein. Wir verwenden für diesen folgenden Abschnitt durchwegs die gleichbedeutenden Begriffe der Care-Arbeit, Sorgearbeit und Care-Ökonomie, da sie erstens in der aktuellen Literatur und Debatte der feministischen Ökonomie über deren marktvermittelte und nichtmarktvermittelte Organisation dominieren. Zweitens bezieht sich der nächste Abschnitt weniger auf Fragen nach der Reproduktion von Gesellschaften über bezahlte und unbezahlte Arbeit als vielmehr auf die konkrete Ausgestaltung von Arbeitsverhältnissen und Arbeitsabläufen im Kapitalismus.

Die Vermarktlichung und Kommodifizierung von Care-Arbeit

Kommodifizierung bedeutet, eine Tätigkeit oder Dienstleistung zur Ware zu machen, sie gegen monetäres Entgelt zu veräußern und in Marktprozesse einzubinden. Der Begriff kommt aus einer marxistischen Tradition, bei der die Frage der Mehrwert- bzw. Profitproduktion zentral war. Für den Bereich der Care-Ökonomie heißt das, dass diese über Erwerbsarbeit gespeist, über Märkte vermittelt und der Marktlogik und Produktivitätsmaximierung unterworfen wird.

Ambivalent zeichnet sich die Frage der Kommodifizierung, wenn Care-Leistungen im öffentlichen Sektor zur Verfügung gestellt werden. Der Wohlfahrtsstaat stellt soziale und öffentliche Dienstleistungen über die Beschäftigung von Krankenpersonal, KindergartenpädagogInnen, SozialarbeiterInnen etc. sowie die Einrichtung der entsprechenden Infrastruktur (z. B. Krankenhäuser) bereit. Der Staat als Anbieter dieser Dienstleistungen arbeitet zwar nicht gewinnorientiert, aber Dienstleistungen der Daseinsvorsorge werden in steigendem Ausmaß produktivitäts- und marktorientiert erbracht bzw. aus der öffentlichen in die private Erbringung ausgelagert. Viele Aspekte reproduktiver

Tätigkeiten sind zur unmittelbaren Quelle von Profit und Akkumulation geworden (Federici 2012, 58). Anstelle öffentlich bereitgestellter und über Steuern oder soziale Versicherung finanzierter Güter, Dienstleistungen und Absicherungen müssen Kredite aufgenommen (Studienkredite), die Vorsorge individuell organisiert (kapitalgedeckeltes Pensionssystem) oder Marktpreise gezahlt werden (öffentlicher Verkehr, Wasserversorgung, Pflege und Betreuung). Diese Vermarktlichung hat zur Folge, dass sich die Bedingungen der Leistungserbringung sowohl für die VersorgerInnen als auch für die zu Versorgenden stark verändern.

Die Kommodifizierung und Vermarktlichung vormals unbe-

zahlter Sorgearbeit ist eine Entwicklung, die die Organisation der Care-Ökonomie nachhaltig verändert und herausfordert. Was sind nun die besonderen Folgen und Bedingungen der Kommodifizierung von Sorgearbeit? Anhand von zwei Punkten – 1.) den spezifischen Zeitlogiken, Motivationen und Produktivitätslimits von Care-Arbeit und 2.) dem Dilemma der beschränkten Arbeitskraftperspektive, die Beschäftigte in der Care-Ökonomie einnehmen (können) – wollen wir diese Fragen erläutern.

Care-Arbeit: spezifische Zeitlogiken

Arbeiten in der Care-Ökonomie folgen eigenen Zeitlogiken und Motivationen, entsprechend ist ihre Rationalisierung und Effizienzsteigerung im Vergleich zu anderen Tätigkeiten – beispielsweise der Fließbandarbeit – begrenzt. Care-Arbeit beinhaltet ein bestimmtes Maß an Engagement, Verpflichtung oder Leidenschaft für die Person, die umsorgt wird. Damit hängt auch die Qualität der geleisteten Arbeit zusammen – sei sie auch schlecht bezahlt oder unbezahlt. Sandro Mezzadra (2005) bezeichnet Sorgearbeit als Teil affektiver Arbeit; diese meint das Herstellen von Gefühlen, von Geborgenheit, Zufriedenheit, von Anerkennung usw. Es ist Arbeit, die immer in Beziehung zu jemandem entsteht. Dementsprechend erfordern Versorgungsarbeit und Dienstleistungsarbeit zwischenmenschliche Kompetenz, die Fähigkeit, empathisch zu sein, um die Bedürfnisse des Gegenübers kennenzulernen, eine Beziehung aufzubauen. Die Subjektivität der Arbeiterin selbst mit ihren intimsten Eigenheiten wie Sprache, Gefühle, Bedürfnisse wird in Wert gesetzt. Ein Beispiel aus der mobilen Pflege (vgl. Krenn/Papouschek 2006): Aus der Warte der PflegerInnen geht die Pflege von Menschen über „Betreuung" als instrumentelle Arbeit hinaus. KlientInnen wollen nicht nur gewaschen, bekocht, medizinisch versorgt werden. Die Pflege von Menschen beinhaltet ebenso Tätigkeiten wie zuzuhören, sich zu unterhalten oder spazieren zu gehen. Diese Tätigkeiten oder affektiven Arbeitsleistungen benötigen neben der Kraft und dem Aufwand, den ihre Herstellung erfordert, vor allem eines, nämlich Zeit. Diese ist jedoch in den zunehmend ökonomisierten und standardisierten Arbeitspaketen nicht mehr enthalten oder sie wird stark eingeschränkt: höchstens drei Sätze pro Patient, zwei Berührungen und einmal Kämmen, für alles zusammen nicht mehr als eineinhalb Minuten. Die Rationalisierung von Care-Arbeiten führt unmittelbar zu einem Qualitätsverlust, der sich auf beiden Seiten der Care-Beziehung niederschlägt: auf die Person, die die Sorgearbeit leistet, und jene, die sie empfängt. Denn ein wesentliches Ziel von Pflege, nämlich das Gefühl zu vermitteln, geborgen, aufgehoben, anerkannt und umsorgt zu sein, kann unter Rationalisierungsauflagen und massiver Arbeitsverdichtung kaum mehr erreicht werden.

An dieser Stelle ist ein Einwand der Ökonomin Susan Himmelweit (2007) anzubringen. Sie gesteht der Kommodifizierung von unbezahlten Care-Tätigkeiten in marktvermittelter oder öffentlich bereitgestellter Weise sehr wohl die Generierung von Produktivitätssteigerungen zu: So kann in Kindergärten oder Pflegeheimen etwa für mehrere Personen gleichzeitig gesorgt oder Infrastruktur gemeinsam genutzt werden. Gleichzeitig räumt sie ein, dass Produktivität von Care gesellschaftlich definiert und ausgehandelt werden muss und der Qualität von Care-Tätigkeiten

Rechnung getragen werden soll. Produktivitätssteigerungen in der Care-Arbeit sind also limitiert und die Qualität der Arbeit hängt in hohem Maße von der Zeit ab, die von den Care-ArbeiterInnen im Arbeitsprozess aufgewandt wird. Trotzdem wird immer weiter an der Zeitschraube gedreht.

Im Pflege- und Betreuungssektor steht somit das Ausmaß, das „gesellschaftlich an Produktivitätssteigerungen akzeptiert werden kann“, im Widerspruch zu der in der Daseinsvorsorge angestrebten Rationalisierung, Kostensenkung und Gewinnmaximierung. Kompensiert wird der Qualitätsverlust oft durch das Selbstverständnis von Pflege- und Betreuungsarbeit der Beschäftigten, etwa durch mehr nicht entgoltene Arbeitsleistung. Gleichzeitig stellt sich die grundsätzliche Frage, ob im Care-Sektor das Machtpotential von Arbeitskräften, nämlich ihre Arbeitskraft zurückzuhalten oder den Arbeitsprozess zu stören und zu unterbrechen, um bessere Arbeitsbedingungen zu erreichen, praktisch umsetzbar ist.

Care-Arbeit – Ist eine Arbeitskraftperspektive möglich?

Die unmittelbare Arbeit mit Menschen und die oft starke Betroffenheit über die Situation der Menschen, für die man sorgt, behindern die Entwicklung einer „Arbeitskraftperspektive“. Arbeitskräfte des Pflege- und Betreuungssektors scheuen sich, ihre Arbeitskraft im Falle schlechter Arbeitsbedingungen zurückzuhalten und zu streiken, um beispielsweise höhere Verdienste durchzusetzen. Sie fühlen sich den KlientInnen gegenüber verpflichtet, die Qualität der Dienstleistung bei zunehmend restriktiveren Rahmenbedingungen, also bei knappem Personal und hohem Arbeitsdruck, zu halten (vgl. Krenn/Papouschek 2006). Diese Perspektive auf ihre Arbeitskraft schwächt ihre Verhandlungsposition gegenüber den ArbeitergeberInnen und wird von diesen oftmals ausgenutzt.

Darüber hinaus wird Fürsorge und Pflege oft für Menschen geleistet, die sie am notwendigsten haben, also für Kinder, alte

Menschen und Kranke. Und genau diese Gruppen sind es, die am wenigsten zahlen können und meist nur über öffentliche Unterstützung Fürsorgearbeit kaufen können. Es gibt Initiativen, die versuchen, dieses Dilemma offensiv anzugehen. Dabei werden gezielte politische Koalitionen von Gewerkschaften mit KonsumentInnen- und Community-Gruppen lanciert, die die Gesamtheit der Probleme und Bedürfnisse von Betreuenden und Betreuten sowie ihren Angehörigen – angefangen bei der Finanzierung über die Arbeitsbedingungen und den intersubjektiven Charakter der Arbeit bis zu Forderungen von selbstbestimmtem Leben – als gesellschaftliches und öffentliches Phänomen wahrnehmen und behandeln (Boris und Klein 2006; Cranford 2014).

Es lässt sich also festhalten:

Eine Aufwertung von Care-Arbeit über ihre Kommodifizierung und Vermartklichung kann nur gelingen, wenn entsprechende finanzielle Mittel für die Bezahlung von Care-Zeit zur Verfügung gestellt werden. Care-Arbeit als begrenzt rationalisierbare Tätigkeit beruht auf eigenen Zeitlogiken, denen in der Finanzierung Rechnung zu tragen ist. Care-Arbeit kann nicht einer Profitmaxime untergeordnet werden, ohne zu einem Qualitätsverlust der Arbeit für Betreuende und Betreute zu führen. Die Höhe der (öffentlich) zur Verfügung gestellten monetären Ressourcen und die Grenzen der Produktivitätssteigerung hängen direkt mit der Ausgestaltung der Arbeitsbedingungen (Bezahlung, Arbeitszeiten, Mitsprache und Mitbestimmung bei der Arbeitsgestaltung, Weiterbildungsmöglichkeiten etc.) in der Care-Ökonomie zusammen.

Gleichzeitig stellt sich die grundsätzliche Frage, wie eine selbstverwaltete oder staatliche Organisation von Care-Arbeit zu beurteilen ist, die in der Regel auch eine Kommodifizierung derselben (zumindest der Arbeitskraft) nach sich zieht. Jegliche selbstverwaltete Kindergruppen oder alternative SchülerInnen-Schulen *beschäftigen* und *bezahlen* Lehrkräfte und Betreuungspersonal. Es gibt ArbeitgeberInnen und ArbeitnehmerInnen, also ein Arbeitsverhältnis, wenngleich keine profitorientierte Produktion. In der anderen öffentlichen Variante der Betreuungsorganisation fungiert der Staat als Arbeitgeber. Was ist besser für Betreute und Betreuende? Jedenfalls wird in beiden Fällen der Erbringung unbezahlte und privat erbrachte Care-Arbeit aus der individuellen Verantwortung herausgenommen. Das bedeutet auch, dass die Versorgungsarbeit einer öffentlichen Debatte um das Wie der Versorgung zugeführt wird: Unter welchen Bedingungen soll wer und mit welchen Qualitätsansprüchen und Zielen Reproduktionsarbeit leisten? Wer entscheidet darüber? Oder ist die Kommodifizierung von Betreuungsarbeit grundsätzlich abzulehnen, da sie in

einer kapitalistisch strukturierten Gesellschaft niemals „gleichwertig" mit anderen Arbeitsformen sein wird?

Durch den spezifischen Charakter der Care-Arbeit, welche (lebens-)notwendige Betreuung für Personen bereitstellt und auf einer starken affektiven und zwischenmenschlichen Grundlage beruht, stellt sich die Frage, wen ein Streik oder die Zurückhaltung der Arbeitskraft, um bessere Arbeitsbedingungen zu erkämpfen, am stärksten trifft: Die ArbeitnehmerInnen verlieren möglicherweise Lohn und Job; den KlientInnen fehlt aber unmittelbar die manchmal überlebensnotwendige Betreuungsleistung. Gleichzeitig gibt es mit Arbeitskämpfen einiges zu gewinnen – und davon könnten wiederum beide Gruppen profitieren: die ArbeitnehmerInnen durch bessere Arbeitsbedingungen und die KlientInnen durch die damit in unmittelbaren Zusammenhang stehenden besseren Versorgungsbedingungen. Darüber hinaus sind Care-Arbeiterinnen *mit* Menschen tätig, denen ein Mitspracherecht über ihre Behandlung zusteht. Die Allianzenbildung und Absprache zwischen Betreuenden und Betreuten für verbesserte Bedingungen der Bewerkstelligung von bezahlter Care-Arbeit ist entsprechend zentral. Vor allem in Bezug auf Aushandlungen mit denjenigen, die die finanziellen Ressourcen zuschießen bzw. als

ArbeitgeberInnen fungieren, wäre eine gemeinsame Strategie von zu Versorgenden und Versorgenden zielführend.

Leider muss festgestellt werden, dass es um die Arbeitsbedingungen in Zeiten der Budgetkonsolidierung und der Verbetriebswirtschaftlichung der Daseinsvorsorge schlecht bestellt ist. Die steigenden Kosten der bezahlten Care-Arbeit werden durch zwei Varianten niedrig gehalten: Einerseits werden Arbeitsprozesse rationalisiert (mehr Kinder pro Kindergärtnerin, weniger Zeit für nichtinstrumentelle Tätigkeiten in der Altenbetreuung); andererseits werden neue Arbeitsverhältnisse mit niedrigeren Lohnkosten geschaffen. Oft sind es Migrantinnen, die zu diesen schlechteren Bedingungen beschäftigt werden (vgl. Bettio/Mazzotta 2011). Die Auslagerung von Care-Arbeit an Migrantinnen und an kostengünstigere Standorte sowie das Phänomen der grenzüberschreitenden Haushaltsorganisation sind Gegenstand des folgenden Abschnitts.

Die grenzüberschreitende Auslagerung von Reproduktionsarbeit

Polit-ökonomische Prozesse der Neoliberalisierung fallen mit Prozessen der Migration zusammen und führen zu Verschiebungen zwischen bezahlter und unbezahlter Reproduktionsarbeit. Dabei steht insbesondere die Bedeutung globaler Ungleichheit im Kontext von bezahlter und unbezahlter Reproduktionsarbeit im Zentrum. Im letzten Abschnitt wurde ausgeführt, warum und inwieweit die Kommodifizierung von Care-Arbeit an ihre Grenzen stößt. Die Schwierigkeiten liegen in den begrenzten Produktivitätssteigerungen in der Care-Ökonomie, in der Privatisierung der Daseinsvorsorge und damit in den vertrackten Arbeitsbedingungen von Care-ArbeiterInnen. Wir sprechen in vorliegendem Abschnitt nicht mehr von Care-Arbeit, sondern von Reproduktionsarbeit, da dieser Ausdruck aus unserer Warte besser geeignet ist, die vielfältigen Formen gesellschaftlicher Reproduktion im grenzüberschreitenden Raum – die soziale, materielle und biologische

Reproduktion sowie die Reproduktion des gesamtökonomischen Systems – zu bezeichnen.

Die bezahlte Reproduktionsarbeit von Migrantinnen ist ein relevanter Faktor für die Reproduktion von Haushalten im globalen Norden geworden.[39] Diese umfasst Pflegetätigkeiten für betreuungsbedürftige Erwachsene, Kinderbetreuung und Putzdienste. Sie wird in privaten Haushalten, in privat und öffentlich geführten Institutionen wie dem Pflegeheim oder dem Kindergarten ausgeführt und ist arbeitsrechtlich im öffentlichen Sektor, bei NGOs, bei profitorientierten Unternehmen oder im privaten Haushalt angesiedelt. Sie kann informell oder angemeldet sein.
 Hierbei zeigt sich ein sehr breites Spektrum an Arbeitsbedingungen: Entsprechend der jeweiligen Kombination von ArbeitgeberIn und Arbeitsaufgaben, von Informalität und Absicherung ergeben sich bessere oder schlechtere Arbeitsstellen. Generell ist der Anteil der Migrantinnen höher, je prekarisierter und weniger geregelt die Arbeitsbedingungen und je niedriger die Löhne sind. In Kindergärten findet man Migrantinnen eher als Assistentinnen denn als Pädagoginnen; in Reinigungsunternehmen sind sie kaum in Führungspositionen zu finden, obwohl ein Großteil der Belegschaften Migrationshintergrund hat; in der mobilen Pflege arbeiten sie eher als Heimhelferinnen oder in der 24-Stunden-Betreuung denn als Krankenschwester. Die Liste ließe sich fortsetzen. In Zusammenhang steht diese geballte Prekarität mit der Unsicherheit des aufenthalts- oder beschäftigungsrechtlichen Status, mit dem ungleichen Zugang zu sozialer Absicherung und Sozialleistungen, mit der ungleichen Anerkennung von Qualifikationen – und mit der Ungleichheit sozialer Reproduktion.

39 Zum Thema Migration und Care-Arbeit gibt es eine umfangreiche Literatur: u. a. Anderson 2000, Lutz 2008, Williams 2012, Parreñas 2001, 2005, Ehrenreich/Hochschild 2003, Yeates 2009, Búriková/Miller 2010, Gather/ Geissler/Rerrich 2002.

Die Ungleichheit sozialer Reproduktion

Menschen aus dem globalen Norden nutzen Dienstleistungen für die soziale und biologische Reproduktion. Diese umfassen kostengünstige Operationen, die Pflege älterer Menschen, Kinder- und Haushaltsbetreuung oder Leihmutterschaft, die von Arbeitskräften aus dem globalen Süden angeboten werden. Arlie Russel Hochschild (2010) erläutert an mehreren Beispielen, wie arme und reiche Regionen dieser Welt ökonomisch und „fürsorgetechnisch" miteinander verbunden sind: Die in den Philippinen oder in Moldawien Erwerbslose kann ihre Arbeitskraft in den Dienst vollbeschäftigter oder einfach nur reicher Haushalte in den USA oder Österreich stellen und dort als Hausarbeiterin oder Nanny arbei-
ten. Paare, die einen unerfüllten Kinderwunsch hegen, können auf die mehr oder weniger geregelte Leihmutterschaft in Indien oder der Ukraine zurückgreifen. Die Frau, die sich als Leihmutter zur Verfügung stellt, kann ihr Einkommen erhöhen. PensionistInnen aus Kanada, deren Einkommen zu gering sind, um die in ihrem Herkunftsland kommerzialisierte Pflege in Anspruch zu nehmen, beleben mit ihrer Nachfrage den Dienstleistungssektor in Mexiko und schaffen Arbeitsplätze. Eine Win-Win-Win-Situation für Anbieter und Nachfrager der Dienstleistung und die beteiligten Staaten! 1) Die Dienstleisterinnen bekommen Job und Geld; 2) die KundInnen die ersehnte oder notwendige Dienstleistung; 3) die eine Nationalökonomie profitiert von Rücküberweisungen (Geld, das von den Migrantinnen in ihre Herkunftsländer überwiesen wird) bzw. der Zunahme der Dienstleistungsexporte. Dadurch wird ihre Leistungsbilanz gestärkt; die Länder des globalen Nordens sparen bei der Versorgung ihrer Bürger. Scheinbar ist alles in Ordnung und scheinbar profitieren alle davon, mit Dienstleistungsarbeit – als Arbeitskraft und als Kunde – versorgt zu werden. Hochschild (2010, 34, eigene Übersetzung) gibt zu Bedenken: „Wir vergessen in unserer Vorstellung [dass es sich um eine reine Win-Win-Win-Situation handelt] die Ungleichheit zwischen den

entsetzlichen Umständen der Dienstleistungserbringerin und den angenehmen des Klienten. Der Gegensatz wird als gegeben hingestellt."

Die „freie Mobilität" der Arbeitskräfte ist mit hohen emotionalen Kosten verbunden, etwa mit dem Zurücklassen der Kinder im Herkunftsort oder der emotionalen Distanzierung vom eigenen Körper beim Austragen eines Embryos, der jemandem anderen zusteht. Gleichzeitig bleibt Betroffenen wenig Auswahl, welche Arbeitsleistung sie anbieten können bzw. dass sie eine anbieten müssen. Weltbankpolitiken betrachten unbezahlte Sorgearbeit und kleinbäuerliche Subsistenzarbeit als Entwicklungshemmnis für Frauen des globalen Südens. Sind sie in der Subsistenzproduktion gefangen, können sie nicht als gleichberechtigte MarktakteurInnen und freie LohnarbeiterInnen z. B. im Rahmen des Dienstleistungsexportsektors tätig werden (Wichterich 2013, 66). Die Migrationspolitiken des globalen Nordens kanalisieren MigrantInnen in bestimmte Segmente des Arbeitsmarktes wie den Care-Sektor.

Die Bedingungen ökonomischer, sozialer und biologischer Reproduktion zwischen denen, die die Reproduktionsdienstleistung anbieten und jenen, die sie nachfragen, sind demnach äußerst ungleich (vgl. Parreñas 2005). Seien es Arbeitsbedingungen, Arbeitsmarktsegregation, soziale oder politische Rechte, MigrantInnen sind gegenüber StaatsbürgerInnen mehrfach benachteiligt. Ein besonderes Paradox ist jenes der notwendig grenzüberschreitenden Haushaltsorganisation von Migrantinnen: Während Migrantinnen zur Reproduktion der nachfolgenden Generation in jenen Ländern, wo sie als Haushaltsarbeiterin oder als Krankenschwester tätig sind, beitragen, sind sie gleichzeitig formellrechtlichen Beschränkungen unterworfen, ihre eigenen Familien zusammenzuführen. Verfügt eine Migrantin über eine Aufenthaltserlaubnis für sich selbst, bedeutet das nicht, dass ihre Kinder oder nächsten Verwandten mit einreisen oder nachreisen könnten.

Entsprechend gibt es für sie meist nur die Wahl zwischen gemeinsamem Familienleben *oder* Arbeit im Ausland *ohne* Familienzusammenführung: Die grenzüberschreitende Organisation ihres Haushalts und der Kinderversorgung bleibt damit alternativlos.

Der globale Haushalt – ein Vorbild?

Bezahlte Haushaltsarbeit als Einkommensquelle von Migrantinnen ist ein relevanter Faktor der Reproduktion ihrer eigenen Haushalte im Herkunftsland. Mit dem verdienten Geld werden Ausbildungen, die Renovierung von Häusern, gesundheitliche Dienstleistungen oder eine Hausarbeiterin bezahlt, die sich um die unmittelbare Versorgung des Haushalts und der Kinder kümmert.
So eine Konstellation wird als „globale Betreuungskette" bezeichnet (Hochschild 2001). Sie besteht aus Netzwerken zwischen Haushalten, in denen Migrantinnen entweder als Arbeiterinnen oder als Arbeitgeberinnen auftreten. Als Arbeiterinnen sind sie in Haushalten einkommensstarker Familien in den USA, in Saudi-Arabien oder Österreich tätig. Als Arbeitgeberinnen fungieren sie, um über Grenzen hinweg die Organisation ihrer Haushalte inklusive der Kinderbetreuung vor Ort in ihrem Herkunftsland durch die Anstellung von lokalen Hausarbeiterinnen zu gewährleisten.

Die Abwesenheit derjenigen, die bis dato die (unbezahlte) Reproduktionsarbeit im Herkunftsland geleistet hat, führt dazu, dass sich Haushalte personell neu zusammensetzen und auch „nichtfamiliäre" Mitglieder, z. B. bezahlte Hausarbeiterinnen, Teil des Haushaltsarrangements werden bzw. andere Haushaltsmitglieder, Großeltern, Kinder oder Männer, die Reproduktionsarbeit übernehmen.

Diese Varianten der grenzüberschreitenden Reproduktion des eigenen Haushalts („der globale Haushalt") sind eine – im Kontext globaler Ungleichheit – stabile Option der Haushaltsorganisation, in der Verdienstunterschiede des Herkunfts- und Destinationskontexts ausgenutzt werden. Frauen manövrieren dabei zwischen dem Trennungsschmerz von ihren Kindern und ihrer Familie, der Angst, Kontrolle über das Leben der Kinder und deren Lebensweg aus den Augen zu verlieren, ihrer Rolle der ökonomischen Versorgerin und der Befreiung von der unbezahlten und undankbaren Reproduktionsarbeit und patriarchalen Verhältnissen in ihrem Herkunftsland (vgl. Haidinger 2013).

Ist der „globale Haushalt" als Alternative und Vorbild zu patriarchalen Kleinfamilienmodellen zu denken, der in zunehmendem Maße nationalstaatliche Grenzen durchdringt und unterhöhlt? Werden in weiterer Folge staatszentrierte Ideologien der Familie, die ein konservativ arbeitsteiliges Weltbild der Fami- lie, das ja gleichzeitig als Grundlage sozial- und familienpolitischer Strategien dient, geschwächt? (vgl. Yeoh, Lam and Huang 2005) Oder ist die emanzipatorische Interpretation des globalen Haushalts ein Zynismus angesichts der ungleichen ökonomischen Verhältnisse, mit denen sich Haushalte aus dem globalen Norden und Süden konfrontiert sehen? Eine materialistische Einschätzung des globalen Haushalts bedeutet die ökonomische Ungleichheitsdimension, der der globale Haushalt entspringt, unbedingt mitzuberücksichtigen. Gleichzeitig eröffnen sich neue Perspektiven auf Reproduktionsarbeit und Haushaltsorganisation aus dem alltäglich Erlebten. Sind es tatsächlich alternative und kollektive Arrangements der Versorgung (vgl. z. B. Roseneil 2004 über die Bedeutung von Freundschaft im Kontext von Care-Arbeit), die folgen, können wir diese Tendenz optimistisch deuten.

Makroökonomie und Geschlechterverhältnisse

Die Makroökonomik kann als die Vogelperspektive ökonomischer Theoriebildung und als Ausgangsgrundlage wirtschaftspolitischer Überlegungen betrachtet werden. Phänomene der Gesamtökonomie, etwa Wirtschaftswachstum, Arbeitslosigkeit, die Einkommen aus unselbstständiger Beschäftigung, die Geldmenge, die Entwicklung der Preise, der Handel mit dem Ausland – um nur einige zu nennen – werden berechnet und Zusammenhänge zwischen ihnen hergestellt. Das Geschlechterverhältnis ist aus dem Blickwinkel der feministischen Ökonomie eine zentrale Kategorie, um gesamtwirtschaftliche Zusammenhänge zu verstehen und zu erklären: Wie wirken sich die Veränderung makroökonomischer Größen, etwa Arbeitslosigkeit, Wirtschaftswachstum, Beschäftigungsentwicklung, Einkommensverteilung, auf die ökonomische Positionen von und die Machtverhältnisse zwischen Männern, Migranten, Frauen, Migrantinnen, Lesben, Alten und Jungen, Menschen mit und ohne Behinderung aus? Und umgekehrt, welche Konsequenzen haben die ungleiche Verteilung von Zeit, Einkommen, Vermögen oder Arbeit auf die Stabilität der Makroökonomie?

Im ersten Abschnitt dieses Kapitels werden wir makroökonomische Grundbegriffe vorstellen und ihre Sensibilität gegenüber Geschlechterverhältnissen diskutieren. In Abschnitt zwei wird eine zentrale Größe der Makroökonomie – die Volkswirtschaftliche Gesamtrechnung – inklusive feministischer Kritik daran genauer unter die Lupe genommen. Der Staat spielt eine entscheidende Rolle bei der Entwicklung wirtschaftlicher Ergebnisse und konstruiert Geschlechterverhältnisse mit, indem er Geld und Zeit von Männern und Frauen umverteilt. Wie werden private Haushalte besteuert? Wofür fließt Geld? Wo nimmt der Staat das umzuverteilende Geld her? Für welche Leistungen oder Lebensumstände wird Geld ausgegeben? Werden durch staatliche Interventionen Geschlechterverhältnisse zementiert oder aufgebrochen? Wie funktioniert Umverteilung in einem neoliberalen Staat? Diesen Fragen wird in den beiden letzten Abschnitten nachgegangen: Gender Budgeting wird als eine Analysemethode vorgestellt, die Aktivitäten des Staates auf seine geschlechtsspezifischen Wirkungen hin zu untersuchen. Schließlich werden wir uns mit aktuellen Antworten der Wirtschaftspolitik auf makroökonomische Entwicklungen – die Finanz- und Wirtschaftskrise – auseinandersetzen: Was bedeutet Sparpolitik und der Rückzug des Staates aus seiner Versorgungsverantwortung für Frauen und Männer? Selbstorganisierte Elendsverwaltung oder die Verwirklichung emanzipativer Möglichkeiten?

Untersuchungsgegenstände der Makroökonomie und ihre feministische Erweiterung

Die Analyseebenen der Makroökonomie sind die Tätigkeiten der Gesamtwirtschaft und die volkswirtschaftlichen Sektoren. Man spricht in diesem Zusammenhang auch von „Aggregaten" – das sind aus mehreren Einzeldaten zusammengeführte Gesamtgrößen; sie zeigen uns die Ergebnisse der Wirtschaftstätigkeiten in einer Volkswirtschaft. Solche Aggregate können die Konsumausgaben oder Ersparnisse der privaten Haushalte, die gesamtwirtschaftliche Produktion des privaten Sektors und der öffentlichen Hand, die Investitionen und Betriebsüberschüsse von Unternehmen oder die Ausgaben des öffentlichen Sektors oder die Importe und Exporte einer Volkswirtschaft sein. Die den Aggregaten zuzuordnenden AkteurInnen sind nicht die einzelnen Wirtschaftssubjekte, sondern wiederum „Sammelbezeichnungen". Gegenstand der Untersuchung in der Makroökonomie ist nicht, was der/die Einzelne wie und warum an wirtschaftlichen Aktivitäten vollbringt (das wäre Gegenstand der Mikroökonomie), sondern was die Gesamtheit der privaten Haushalte, der Firmen und der Staat ausgeben, einnehmen und umsetzen. All diese Größenordnungen sind geschlechtlich strukturiert, wenngleich sie auf den ersten Blick geschlechtsneutral erscheinen.

Auf der Ebene der Marktteilnahme wird seitens der feministischen Ökonomie die ungleiche Ressourcenausstattung mit Geld, Zeit, Produktionsmittel oder Mobilität von Frauen und Männern bzw. die ungleiche Haushaltsressourcenverteilung thematisiert. Daran knüpfen Machtungleichgewichte innerhalb der Familie über Entscheidungen, die über den Haushalt in die Sphäre des Marktes hinausreichen. Solche Entscheidungen betreffen beispielsweise das Ausmaß der Erwerbstätigkeit oder den Zugang zu Krediten, der für diejenigen leichter ist, die über materielle Ressourcen verfügen. Isabella Bakker (1994, 6) bezeichnet derartige Ungleichgewichte in der potentiellen Marktteilnahme zwischen Männern und Frauen als *Gender-based Market Distortions*, also als Marktstörungen, die auf dem Wirken des Geschlechterverhältnisses beruhen. Die Grundvoraussetzungen für „gleichen Tausch" der Ware Arbeitskraft sind nicht gegeben: Frauen können nicht als gleichberechtigte MitbewerberInnen in den Arbeitsmarkt eintreten, weil sie mit anderen Voraussetzungen, Mobilitätsmöglichkeiten, Ressourcenausstattungen (u. a. Einkommen, Ausbildung und Zeitbudgets) und als Nichtunabhängige durch die Versorgung abhängiger Familienangehöriger in Erscheinung treten. Der Markt als sozial konstruierte Institution reflektiert und verstärkt geschlechtsspezifische Ungleichheiten.

Wirtschaftspolitische Entscheidungen, die auf Grundlage makroökonomischer Daten über die Arbeitslosigkeit, die Lohnquote, die Exportentwicklung, die Preisentwicklung etc. getroffen werden, haben Auswirkungen auf das Geschlechterverhältnis, das sich auf der Mikro- und Mesoebene (auf individueller, institutioneller, unternehmerischer oder Haushaltsebene) materialisiert (vgl. Çagatay 2003; Klatzer/Schlager 2012, 29–30). Umgekehrt beeinflussen gelebte Geschlechterverhältnisse, wie wirkungsvoll makroökonomische Politik sein kann: Bei der staatlichen Förderung von Krediten beispielsweise ist es aus einem volkswirtschaftlichen Blickwinkel interessant zu wissen, ob Frauen anders, besser, effizienter, produktiver mit den geförderten Summen umgehen als Männer, oder ob sie ein zuverlässigeres Rückzahlungsverhalten aufweisen (vgl. Evers 2003).

Die feministische Ökonomie erläutert, dass makroökonomische Einheiten selbst Träger von Geschlecht sind: Makroökonomische Größen sind keine geschlechtsneutralen Kategorien (vgl. Maier 2011). Die reproduktive im Gegensatz zur monetären Ökonomie etwa ist nicht Bestandteil makroökonomischer Gesamtzusammenhänge, obwohl die nichtmonetäre Wertschöpfung die Voraussetzung für das Funktionieren der Gesamtwirtschaft schafft. Des Weiteren sind Geldbeziehungen, die ja Gegenstand makroökonomischer Berechnungen sind, etwa Lohnverhältnisse zwischen ArbeitgeberInnen und ArbeitnehmerInnen, Transfers zwischen Haushalten und dem Staat, Verhandlungen über das Haushaltsbudget innerhalb des Haushaltes oder auch die Außenhandelsbeziehungen selbst geschlechtsspezifisch strukturiert. Der private Haushalt ist hier eine Bezugseinheit, dessen Relevanz in makroökonomischen Modellbildungen meist zu wenig Bedeutung beigemessen wird (vgl. Hanmer/Akram-Lodhi 1998; Staveren 2010b). Einerseits geht es darum, haushaltsinterne Dynamiken insbesondere für Konsumentscheidungen, Sparverhalten und das Arbeitskräfteangebot zu berücksichtigen. Andererseits ist die Interaktion von Haushalten mit anderen Institutionen wie dem Staat und der Firma für das Verständnis des Funktionierens ökonomischer Kreisläufe, bestehend aus Geldflüssen und Leistungsflüssen, ausschlaggebend. Diese Zusammenhänge werden insbesondere dann deutlich, wenn der Markt und/oder der öffentliche Sektor als Versorgungsökonomie auslassen bzw. sich die Bedingungen der monetären Ökonomie insgesamt verschlechtern – wie wir jetzt im Zuge der Wirtschafts- und Finanzkrise beobachten können.

Die VGR, das BIP und unbezahlte Arbeit

Das Bruttoinlandsprodukt (BIP) zählt zu den zentralen Größen der Makroökonomie und ist einer der wichtigsten Wirtschaftsindikatoren überhaupt. Seit der Wirtschaftskrise steht die Entwicklung des BIP der krisengebeutelten Länder so genau unter Beobachtung wie selten zuvor: Steigt es? Fällt es? Bleibt es gleich? Ein stagnierendes oder gar fallendes BIP macht viele nervös. So geschehen in Griechenland infolge der Finanz- und Wirtschaftskrise, wo das BIP zwischen 2011 und 2012 um 6,4 Prozent geschrumpft ist; die Erwerbslosigkeit betrug im Jahr 2012 24,3 Prozent. Das österreichische BIP etwa schrumpfte im gleichen Zeitraum nicht, sondern wuchs mit 0,9 Prozent nur sehr langsam. Das BIP erscheint auf den ersten Blick, so wie alle makroökonomischen Größen, eine geschlechtsneutrale Kategorie zu sein. Bei genauerer Betrachtung ist es Spiegel der geschlechtsspezifischen Arbeitsteilung und der Verwertungslogik im Kapitalismus.

Das BIP gibt Auskunft über den „Reichtum" eines Landes, über die Entwicklung der Wirtschaft eines Landes im Zeitverlauf (Konjunkturverlauf) und dient teilweise als Wohlstandsindikator. Ermittelt wird das BIP über die Volkswirtschaftliche Gesamtrechnung (VGR). Für Österreich betrug es im Jahr 2017 etwa 369 Milliarden Euro und für Deutschland etwa 3.277 Milliarden Euro. Wächst das BIP, erhöhen sich die wirtschaftlichen Aktivitäten von einem Jahr aufs nächste. Sinkt über einen gewissen Zeitraum das Wachstum des BIP oder sogar das BIP selbst, sprechen wir von Rezession bzw. von einer Krise. In einer Phase der Rezession wird weniger gekauft, weniger investiert, es sinken die Löhne, Arbeitskräfte werden entlassen und die Maschinen stehen teilweise still. In der Folge sinken die Staatseinnahmen. Als Wohlstandsvergleich wird nicht das BIP in absoluten Zahlen, sondern das BIP pro Kopf[40] betrachtet. Es gibt damit zumindest grob Auskunft darüber, wie „arm" oder „reich" ein Land ist.

Das BIP umfasst alle Güter und Dienstleistungen, die in einem Land in einem Jahr produziert wurden. Tatsächlich werden nicht alle Güter und Dienstleistungen, die produziert werden, miteinbezogen, sondern nur nur jene, die auch bezahlt und als solche registriert[41] werden. Gehe ich ins Restaurant essen, so zählen die getätigte Bezahlung (Konsumausgaben) und die Arbeit des Kochs (Löhne) zum BIP. Koche ich mir und meinen FreundInnen daheim eine Suppe, zählt das produzierte Essen und die Arbeit für deren Zubereitung nicht zum BIP. In beiden Fällen wird Essen produziert. Das eine Mal in Form einer Ware, die verkauft wird, im anderen Fall als unbezahltes Produkt. In beiden Fällen werde ich satt. So betrachtet bliebe der „Wohlstand" in beiden Fällen gleich groß. Als Wohlstandsmaß hat das BIP somit nur sehr bedingt Aussagekraft. Ebenso wie die unbezahlte Hausarbeit bleiben auch die unbezahlte Subsistenzarbeit, die Nachbarschaftshilfe und Freiwilligentätigkeit außen vor. Das BIP erfasst somit nur einen Teil der in einem Land produzierten Güter und Dienstleistungen und nur einen Teil der wirtschaftlichen Leistungen. Die

40 So betrug das BIP pro Kopf (kaufkraftbereinigt) im Jahr 2017 Schätzungen des Internationalen Währungsfonds zufolge für Österreich 49.869 Dollar und lag damit auf dem zweiundzwanzigsten Platz der Weltrangliste. Deutschland lag mit einem BIP pro Kopf von 50.425 Dollar auf Platz achtzehn. Damit war es rund zehn mal so hoch wie jenes von Pakistan (5.358 Dollar). Die DR Kongo, die bei dieser Betrachtungsweise zu den ärmsten Ländern der Welt gehört, verzeichnete ein BIP pro Kopf von 790 Dollar.

41 Bezahlte Arbeitsleistungen, die an der Steuer und Sozialversicherung vorbeigehen wie etwa Schmuggel, der Verkauf von verbotenen Waren oder undokumentierte Arbeit, scheinen ebenfalls nicht im BIP auf.

Bedeutung des BIP als einer der wichtigsten wirtschaftlichen Indikatoren hat trotz dieser im Allgemeinen akzeptierten Einschränkungen nichts an Einfluss verloren.

Das paradoxe BIP

Lange Zeit galt es als unhinterfragtes Faktum, dass die Bestimmung des Nationaleinkommens bzw. des BIPs über monetäre Werte erfolgt und unbezahlte Haus-, Reproduktions- und Subsistenzarbeit daher keinen Platz darin haben. Ein Blick auf die Entstehungsgeschichte und die Weiterentwicklungen des Konzeptes der Volkswirtschaftlichen Gesamtrechnung zeigen, dass diese Annahme nicht immer als selbstverständlich gehandelt wurde.
Selbst für Cecil Pigou galten sowohl die Definition des wirtschaftlichen Wohlstandes als auch die Bestimmung des Nationaleinkommens als unterschiedlich interpretierbare Größen (Pujol 1998, 195). Die Abgrenzung dessen, was nun zum BIP zählen soll und was nicht, war für ihn durchaus mit Problemen behaftet und von paradoxen Situationen begleitet: „Die gekauften und die nichtgekauften Güter und Dienstleistungen unterscheiden sich nicht in fundamentaler Weise. Oft wandelt sich Nichtgekauftes in Gekauftes und umgekehrt. Dies führt zu einer Reihe von Paradoxa. Die Leistungen einer Frau werden Teil des Nationaleinkommens, wenn sie gegen Bezahlung verrichtet werden, unabhängig davon, ob dies in einer Fabrik oder zu Hause geschieht. Sie werden jedoch nicht Teil des Nationaleinkommens, wenn sie von Müttern und Ehefrauen gratis für ihre Familien produziert werden. Daraus folgt: Wenn ein Mann seine Haushälterin oder Köchin heiratet, sinkt das Nationaleinkommen. Diese Dinge sind paradox“ (Pigou, zit. nach Pujol 1998, 169 f., eigene Übersetzung).

Dieser Gedanke weiter verfolgt, würde auch bedeuten, dass eine höhere Scheidungsrate zumindest in wohlhabenderen Haushalten zur Steigerung des Nationaleinkommens beiträgt, denn irgendwer (Reinigungshilfe, Restaurants, Putzereien etc.) würde die unbezahlte Arbeit der Haus-Ehefrau ersetzen. Eine Maßnahme, die Pigou wohl kaum befürwortet hätte. Auf alle Fälle hat – erinnern wir uns an Charlotte Perkins Gilmans Erzählung aus dem Kapitel *„Wo sind die Ökonominnen?"* – die „unnatürliche" Tochter Diantha zur Steigerung des BIP beigetragen; sie hat die unbezahlten Tätigkeiten in ihrem elterlichen Haushalt gegen die Gründung eines Unternehmens, das haushaltsnahe Dienstleistungen anbietet, eingetauscht. Wir glauben Pigou jedenfalls, dass er das von ihm beschriebene Phänomen für paradox hält, immerhin erwähnt er es zweimal in ein und demselben Absatz. Letztendlich ist die Entscheidung, wo die Trennlinie dessen, was zum

BIP zählen soll und was nicht, verläuft, willkürlich. Pigou bezog die Hausarbeit nicht mit ein. Er war sich der Widersprüchlichkeit wohl bewusst.

Hausarbeit in Zahlen: Was zählt, zählt.

Seit den 1980er-Jahren gibt es vermehrt Bestrebungen, unter anderem maßgeblich beeinflusst durch das Buch *If Women Counted* (Wenn Frauen zählten) von Marilyn Waring (1988), das BIP um die unbezahlte Haus- und Reproduktionsarbeit zu erweitern. Mittlerweile sind derartige Bestrebungen auf hoch offiziöser Ebene – OECD, Eurostat – angelangt.

Um unbezahlte Arbeit monetär zu bewerten, damit sie als Teil des BIP oder im Rahmen von sogenannten Satellitenkonten der VGR (vgl. Bundesamt für Statistik Schweiz 2004; Schäfer 2004) ausgewiesen werden kann, braucht es erstens ein Wissen darüber, wie viele Stunden in einem Land unbezahlt gearbeitet werden, und zweitens ein Konzept dafür, wie diese Arbeit zu bewerten ist. Jene Rechenschritte, die Diantha für ihre eigenen Arbeitsleistungen im Familienhaushalt (Mikroebene) getätigt hat, werden für die gesamte Volkswirtschaft (Makroebene) berechnet. Zeitbudgetstudien oder Zeiterhebungen, die Auskunft über das unbezahlte Arbeitsvolumen eines Landes liefern, wurden mittlerweile in knapp 100 Ländern[42] zumindest einmal durchgeführt.

Zeitbudgetstudien

Zeitbudget- oder Zeitverwendungsstudien berichten über die Verwendung unserer Zeit. Wie viele Stunden wird geschlafen, ferngesehen, geputzt, gekocht oder einer Erwerbstätigkeit nachgegangen? Sie geben auch Auskunft über geschlechtsspezifische Unterschiede der Zeitverwendung. In Deutschland belief sich die Anzahl an unbezahlten Arbeitsstunden auf rund 89 Mrd. Stunden. Dies entspricht dem 1,5-Fachen an Stunden, die mit Erwerbsarbeit verbracht wurden (Statistisches Bundesamt 2016). In den Bundesländern der ehemaligen DDR leisteten Frauen 1,4-mal soviel unbezahlte Arbeit wie Männer. In den „alten" Bundesländern liegt der Wert mit 1,6-mal soviel etwas höher.[43] In Österreich wird von den 9,7 Milliarden unbezahlten Arbeitsstunden der überwiegende Teil – rund zwei Drittel – von Frauen verrichtet (Statistik Austria 2009). Bei der bezahlten Erwerbsarbeit dreht sich das Verhältnis um; der Großteil (61 Prozent) wird von den Männern verrichtet. Frauen verdienen – abgesehen von der Lohndiskriminierung – nicht deshalb weniger als Männer, weil sie „zu wenig" arbeiten, sondern weil sie „zu viel" unbezahlt arbeiten.

Die ersten Zeitbudgetstudien liegen schon erstaunlich lange zurück, wenngleich sie im Vergleich zu heutigen Erhebungen nur kleine Teile der Bevölkerung umfassten. Beispielsweise wurden in

42 Ein Überblick über sämtliche Zeitbudgetstudien findet sich auf der Homepage des Center for Time Use Resarch; http://www-2009.timeuse.org/information/studies/.

43 Im Zeitvergleich (1991) hat sich der Unterschied in beiden Gebieten zwischen Männern und Frauen reduziert. Allerdings nicht weil Männer ihren unbezahlten Arbeitsumfang erhöht hätten, sondern weil Frauen den ihren reduziert haben. Seit 1991 ist der Anteil erwerbstätiger Frauen gestiegen, zugleich reduzierte sich die durchschnittliche Anzahl an Kindern je Frau.

der UdSSR bereits in den 1920er- bis in die Mitte der 1930er-Jahre regelmäßige Erhebungen mit dem Ziel durchgeführt, die Regierungspolitik bezüglich der Arbeits- und Bildungsbedingungen zu verbessern. Auch Großbritannien blickt auf eine lange Tradition von Zeitbudgetstudien zurück. Die erste Erhebung wurde bereits vor dem Ersten Weltkrieg von der Fabian Society's Women Group durchgeführt, um mehr Informationen über die spezifischen Armutslagen von Frauen und Familien zu bekommen und entsprechende politische Forderungen zu ihrer Verbesserung entwickeln zu können.

Die Bewertung der unbezahlten Arbeit

Für die Bewertung von unbezahlter Arbeit stehen sich grundsätzlich zwei verschiedene Ansätze gegenüber: der Opportunitätskostenansatz und der Marktlohnansatz. Beim Opportunitätskostenansatz wird für die unbezahlte Arbeit jener Lohn herangezogen, den die Person verdient hätte, wenn sie anstelle der unbezahlten Arbeit einer bezahlten Tätigkeit am Markt nachgegangen wäre. Ist eine Person nicht erwerbstätig und ist somit keine direkte Information über ihr Markteinkommen verfügbar, wird das Einkommen einer vergleichbaren Person, also mit gleicher formaler Bildung, gleichem Alter und Geschlecht etc. herangezogen. Beim Marktlohnansatz wird der Lohn beispielsweise einer Haushaltsangestellten unterstellt (Generalistenansatz). Da es sich bei der Reproduktionsarbeit jedoch um sehr unterschiedliche Tätigkeiten mit sehr unterschiedlichen Leistungsanforderungen handelt, kann auch nochmals viel genauer gerechnet werden. Es werden je nach Tätigkeit die entsprechenden Löhne unterschiedlicher Fachkräfte (KöchInnen, ErzieherInnen, SchneiderInnen, HandwerkerInnen etc.) als Berechnungsbasis genommen (Spezialistenansatz). Im Detail können solche Berechnungen ganz schön kompliziert werden. Und es ergibt sich noch ein Problem: Die Berufe, die zur Bewertung herangezogen werden, sind großteils klassische Frauenberufe im Dienstleistungsbereich, die strukturell unterbewertet sind. Folglich würden sich geschlechtsspezifische Einkommensunterschiede in der Bewertung des BIP weiter fortsetzen. Als dritte Variante wird somit einfach der durchschnittliche Stundenlohn aller Branchen herangezogen.

Je nach Berechnungsverfahren ergeben sich recht unterschiedliche Größenordnungen. Das deutsche Bundessamt für Statistik wählt zur Bewertung einen vorsichtigen Ansatz und errechnet bei unterstellten Nettostundenlöhnen (9,25 Euro) von 89 Milliarden unbezahlten Arbeitsstunden im Jahr einen Wert, der 33 Prozent des traditionellen BIP entspricht (Statistisches Bundesamt 2016). Für Österreich gibt es keine offiziellen Berechnungen zur Bewertung von Hausarbeit. Werden die 9,7 Milliarden unbezahlten Arbeitsstunden mit einem durchschnittlichen Bruttostundenlohn (2010: 12,75 Euro) belegt, so entspräche dies rund 44 Prozent des traditionellen BIP (im Jahr 2010), bei einem durchschnittlichen Frauenlohn läge der Wert bei 37,5 Prozent des BIP und bei einem durchschnittlichen Männerlohn bei 47,6 Prozent. Wie auch immer gerechnet wird – und Varianten gibt es viele – der Anteil an unbezahlter Arbeit am BIP ist hoch.

Das BIP und die Konjunktur

Das BIP ist einer der wichtigsten Indikatoren für die konjunkturelle Entwicklung eines Landes. Wird die unbezahlte Arbeit in das BIP integriert, ändert sich nicht nur die Größe des BIP. Es verändert sich auch der Verlauf dessen, was als Konjunktur über die Zeit hinweg sichtbar wird. Im Rahmen einer historischen Untersuchung für die USA im Zeitraum von 1870 bis 1930 wurde die Entwicklung des traditionellen BIP mit einem alternativen BIP, welches unbezahlte Arbeit inkludiert, verglichen. Das Ergebnis zeigt für beide einen unterschiedlichen Wachstumsverlauf. Beispielsweise wies das traditionelle BIP für die Periode von 1890 bis 1910 ein Wachstum, das alternative BIP hingegen einen Rückgang auf (vgl. Wagman/Folbre, in Jacobsen 2003, 95). Auch für das Wirtschaftswachstum der 1970er in den USA, das von einem starken Anstieg der Frauenerwerbstätigkeit begleitet wurde, besteht die Vermutung, dass sich je nach verwendetem BIP-Konzept unterschiedliche Wachstumsbilder abzeichnen würden (Jacobsen 2003, 95). Dies gilt nicht nur für die USA, sondern für die meisten industrialisierten Länder, in denen das Wirtschaftswachstum mit steigenden Frauenerwerbstätigkeitsquoten einherging. Die Vermutung beruht auf folgenden Überlegungen: Aufgrund der gestiegenen Erwerbstätigkeit von Frauen werden Leistungen, die bislang in Eigenproduktion (Kochen, Kinderbetreuung etc.) erstellt wurden, zumindest zu einem Teil über den Markt und/oder den Staat bezogen; das heißt, die Nachfrage nach Kinderbetreuung, Fertigessen, Restaurants, Haushaltshilfen etc. steigt. Andernfalls würde dies zu einem starken Anstieg der Doppel- bzw. Dreifachbelastung von Frauen führen. Ökonomisch betrachtet, kommt es zu Verschiebungen zwischen den Wirtschaftssektoren: Die unbezahlte Eigenproduktion sinkt, die Leistungen, die über Markt oder Staat erbracht werden, steigen. Das traditionelle BIP erfasst jedoch nur den Anstieg der bezahlten Tätigkeiten, nicht aber den Rückgang an unbezahlten Tätigkeiten. Somit würde das traditionelle BIP das Wirtschaftswachstum, wenn sowohl die bezahlten als auch die unbezahlten Tätigkeiten berücksichtigt werden sollen, überschätzen. Ein um die unbezahlte Arbeit erweitertes BIP würde jedenfalls ein weniger starkes Wirtschaftswachstum verzeichnen. In welchem Umfang es zu einem Wechsel von Eigenproduktion zu zugekauften Leistungen kommt, ist ein vielschichtiger Prozess, aber jedenfalls von folgenden Faktoren beeinflusst: der Einkommenshöhe, die Frauen durch die gestiegene Erwerbstätigkeit beziehen, den Preisen für die entsprechenden haushaltsbezogenen Dienstleistungen am Markt, dem Umfang an staatlich geförderten oder zur Verfügung gestellten Leistungen (etwa für Kinderbetreuung) usw. Der gesamte Arbeitsumfang (bezahlter und unbezahlter

Arbeit) von Frauen kann sinken, gleich bleiben, steigen, je nachdem wie sehr dem gestiegenen Erwerbsumfang ein Rückgang an unbezahlter Arbeit gegenübersteht. Was aber selbst ein alternatives BIP nicht ausweisen würde, ist die höhere ökonomische Unabhängigkeit der Frauen, die ebenfalls als Wohlstandsgewinn gewertet werden könnte.

Zurück zum Paradoxon

Der Kapitalismus braucht für sein Bestehen sowohl die bezahlten als auch die unbezahlten Formen von Arbeit. Deren Einbindung in den kapitalistischen Verwertungsprozess erfolgt aber auf unterschiedliche Art und Weise. Aus der Verwertungslogik des Kapitals ist es folgerichtig, sich (ausschließlich) für die monetären Bewegungsströme zu interessieren, denn Unternehmensgewinne und somit der „Erfolg“ eines Unternehmens werden in Geld gemessen. Für Investitionsentscheidungen in ein Land ist es aus Perspektive des Kapitals völlig egal, ob ein alternatives BIP gestiegen ist, etwa weil der Umfang an unbezahlter Arbeit zugenommen hat, wenn zur gleichen Zeit das traditionelle BIP gesunken ist. Die Frage, ob Pigous Paradoxon als paradox gilt oder nicht, ist eine Frage der Perspektive. Aus einer kapitalistischen Perspektive heraus ist es kein Paradoxon, sondern konsequente Interessenartikulation, die in Widerspruch zu Interessen über „unsere“ Lebensqualität oder Wohlstand stehen. Die Auseinandersetzung um ein alternatives BIP macht diese Interessengegensätze bis zu einem gewissen Grad sichtbar.

Was bringt nun ein alternativ berechnetes BIP, in dem auch die gesamte unbezahlte Haus-, Reproduktions- und Subsistenzarbeit inkludiert ist? Sind wir tatsächlich reicher, ist der Wohlstand tatsächlich höher, wenn im BIP auch die unbezahlte Arbeit inkludiert ist? Nein. Wäre rund doppelt so viel von dem, was die Wirtschaft ausmacht, sichtbar? Ja. Wären damit Verteilungskämpfe um die Verteilung von bezahlter und unbezahlter Arbeit gewonnen? Wohl kaum. Wäre damit ein Argument, warum das jetzige Wirtschaftssystem von Grund auf verändert gehört, gewonnen? Vielleicht. Die Auswertung und Analyse von Zeitbudgetstudien und die Berechnung alternativer BIP-Konzepte ist zu einem breiten internationalen Forschungsfeld feministischer Ökonominnen geworden. Auch traditionelle Institutionen wie die OECD (Veerle 2011) haben sich des Themas angenommen. Sie verweisen auf die besondere Rolle unbezahlter Arbeit für die Produktion von Wohlstand und auf die makroökonomischen Wechselwirkungen zwischen bezahlten und unbezahlten Bereichen der Wirtschaft. Dass es sich bei diesen Arbeitsformen um spezifische Ausbeutungs- und

Unterdrückungsformen handelt, bleibt (wenig erstaunlich) in den Bestandsaufnahmen dieser Studien außen vor. Unbezahlte Hausarbeit ist also mittlerweile bei Mainstream-Institutionen „sichtbar" geworden und schaffte es sogar, als Wohlstandindikator angeführt zu werden: eine symbolische Anerkennung dieser überwiegend von Frauen geleisteten Arbeiten.

Wäre mit einem alternativem BIP ein Überblick darüber gewonnen, wie groß das gesamte Produktionsvolumen ist, wenn es gilt, neue Gesellschafts- und Wirtschaftssysteme zu entwickeln? Diese Frage lässt sich mit Ja beantworten. Für die Entwicklung wirtschaftlicher Alternativen zum Kapitalismus liefert ein anders berechnetes BIP durchaus wertvolle Informationen. Schließlich gilt es gerade aus einer linken, emanzipatorischen und feministischen Perspektive, nicht nur den Bereich der Lohnarbeit, sondern auch die gesamten unbezahlten Arbeitsleistungen neu zu organisieren.

Gender Budgeting – Staat macht Geschlecht

Die Budgetrede gehört wohl zu den langweiligsten Ereignissen des Jahres. Über grauen Anzügen plappern Köpfe Zahlenkolonnen. Auch das Studium von öffentlichen Budgets ist kein Krimilesen. Aber hier geht es um Geld, und zwar um viel Geld, und darum, wem dieses Geld wie zugutekommt. Der folgende Überblick über staatliche Einnahmen und Ausgaben inklusive einer kleinen Steuerlehre soll den Blick für alle Aufregungen im Staatshaushalt schärfen. Er soll helfen, Auswirkungen der Strukturanpassungsprogramme von IWF und Weltbank auf die Ökonomien des globalen Südens in den 1980er-Jahren zu verstehen, nationale Budgets zu entschlüsseln, aktuelle Krisenprogramme seitens der Troika für bestimmte EU-Staaten zu analysieren, die aktuelle EU-(Wirtschafts-)Politik im Rahmen des sogenannten Europäischen Semesters nachzuvollziehen.

Das öffentliche Budget ist eine zentrale Einflussgröße der Makroökonomie. In den Ländern des globalen Nordens fließt zwischen einem Drittel und rund der Hälfte der volkswirtschaftlichen Wertschöpfung (des BIP) durch die Hände des Staates – der Staat ist also ein mächtiger Akteur im ökonomischen Kreislauf. Was der Staat mit diesen finanziellen Mitteln macht, reflektiert die gesellschaftlichen, sozialen und wirtschaftlichen Prioritäten einer Regierung, eines Bundeslandes oder einer Gemeinde und spiegelt damit auch bestimmte gesellschaftspolitische Leitbilder wider: „Budgetpolitik ist in Zahlen gegossene Gesellschaftspolitik" (Beigewum 2003).

Aus der Perspektive der feministischen Ökonomie ist von zentraler Bedeutung, welche Umverteilungswirkungen die einnahmen- und ausgabenseitigen Instrumente der Budgetpolitik auf das Geschlechterverhältnis haben: Wie beeinflussen Staatseinnahmen (Steuern, Abgaben) und Staatsausgaben (Transfers, Subventionen, Sachausgaben) die Verteilung von Arbeit, Zeit und Geld zwischen Männern und Frauen? Wem kommt die Verwendung öffentlicher Mittel zugute? Wen belasten Einschnitte bei der Subventionierung von Gewaltschutzeinrichtungen oder PensionistInnenheimen? Ein Konzept, mit dem diese Fragen nicht nur theoretisch, sondern auch umsetzungstechnisch beantworten werden, ist

Gender Budgeting[44]. Es analysiert die Wirkungen der öffentlichen Budgets unter Berücksichtigung der spezifischen Lebenssituationen von Männern und Frauen und kann wohl als das zur Zeit einflussreichste Konzept und Instrumentarium feministischer Ökonomie angesehen werden. In zahlreichen Ländern von Südafrika bis zur Schweiz wurde der systematischen Berücksichtigung von geschlechtsspezifischen Verteilungswirkungen für den Budgeterstellungsprozess sowohl auf gesetzlicher Ebene als auch in der konkreten Umsetzung Rechnung getragen.

Umverteilung

Auszugehen ist von der Tatsache, dass die Verteilung von Arbeit, Zeit und Geld zwischen Männern und Frauen ungleich ist: Frauen verdienen weniger, arbeiten (legt man die unbezahlte und bezahlte Arbeit zugrunde) mehr und verfügen über weniger Freizeit. Der Staat verfügt über finanzielle Mittel und die gesetzliche Macht, um zu versuchen, diese Unterschiede durch Maßnahmen zu verringern. Er tut dies über gesetzliche Rahmenbedingungen wie etwa die Gleichstellungsgesetzgebung oder über die Budgetpolitik. Hier besteht weitreichender Gestaltungsspielraum, wofür Geld ausgegeben wird und woher das Geld lukriert wird. Beginnen wir mit der Einnahmenseite, die sich vor allem aus Steuern und Gebühren speist.

... über staatliche Einnahmen

Einnahmenseitige Umverteilung erfolgt über die Entscheidungen, was, wer und wie besteuert wird. Diese Entscheidungen haben unterschiedliche Wirkungen auf die Verfügbarkeit von Geld von armen und reichen Personen, für Männer und Frauen

44 Eine ausgezeichnete Übersicht über die Prinzipien, Konzepte und Geschichte des Gender Budgeting bietet die Beigewum-Publikation *Frauen macht Budgets* (2003).

sowie auf die Verteilung zwischen Arbeit und Kapital. Die steuerliche Ausgestaltung geht aber über monetäre Verteilungseffekte hinaus. So können bestimmte Familientypen gefördert oder auch unterschiedliche Erwerbsanreize bzw. -hemmnisse gesetzt werden. Werden beispielsweise verstärkt Vermögen oder Unternehmensgewinne besteuert, hätte dies eine positive Umverteilungswirkung auf einkommensschwächere Bevölkerungsschichten und damit auch auf Frauen, da diese vermehrt im unteren Einkommensbereich anzutreffen sind.

Mehr oder weniger unabhängig davon, was besteuert wird, gibt es unterschiedliche Tariftypen, wie besteuert werden kann. Vorab ein kleines steuertechnisches Begriffs-ABC: Progressive Steuern bedeuten, dass der Steuersatz und die Steuerlast mit der Einkommenshöhe ansteigen. Sie haben eine umverteilende Wirkung von reich zu arm. Proportionale Steuern haben einen linearen Tarif, das heißt, der Steuersatz bleibt unabhängig von der Einkommenshöhe gleich hoch. Er geht mit einer regressiven Umverteilungswirkung einher, ärmere Haushalte bzw. Personen werden stärker belastet als reiche. Eine steuertechnisch sehr einfache, aber verteilungspolitisch katastrophale Besteuerungsvariante wäre eine sogenannte Kopfsteuer[45]: Alle zahlen unabhängig von Einkommens- oder Vermögenshöhe den gleichen Fixbetrag.

Die Umsatzsteuer weist einen linearen Tarif auf; Einkommenssteuern unterliegen häufig einem progressiven Tarif. In Österreich zahlt man (2013) beispielsweise für den Verdienst der ersten 11.000 Euro im Jahr gar keine Steuern; erst ab diesem Betrag wird ein Steuersatz von 36,5 Prozent für die Einkommens-

45 Die von Margaret Thatcher Ende der 1980er-Jahre in England eingeführte community tax – auch poll tax genannt –, entsprach diesem Steuertyp. Die massenhaften Proteste, die sich bis weit in bürgerliche Kreise hineinzogen, trugen letztlich entscheidend zur Regierungskrise und Thatchers anschließendem Rücktritt bei.

spanne zwischen 11.000 und 25.000 Euro geltend gemacht. Verdiene ich im Jahr 15.000 Euro, muss ich also 1.460 Euro an Steuern für die 4.000 Euro über der Einkommenssteuergrenze zahlen. Dieses Prinzip wird bis zur letzten Steuerstufe fortgeführt. In Österreich beginnt die letzte Steuerstufe bei 60.000 Euro Jahreseinkommen und wird mit 50 Prozent besteuert. Auch in Deutschland ist die Einkommenssteuer progressiv gestaltet. Im Konkreten können progressive Steuern sehr unterschiedlich ausgestaltet sein. Hier gibt es viel Gestaltungsspielraum, das Grundkonzept bleibt jedoch immer dasselbe. Durch die Anhebung des steuerfrei gestellten Einkommens werden untere Einkommen stärker entlas-

tet. Umgekehrt bedeutet die Anhebung des Spitzensteuersatzes[46] eine stärkere Belastung hoher Einkommen und trifft daher vermehrt Männer. In beiden Fällen wird die Umverteilungswirkung von höheren zu niedrigeren Einkommen verstärkt.

Wie sich die Einkommenssteuer auf die Verteilung zwischen Männern und Frauen auswirkt, hängt nicht nur von der Tarifgestaltung ab, sondern auch maßgeblich davon, ob Personen einzeln besteuert werden (Individualbesteuerung) oder der Haushalt als Ganzes (Haushaltsbesteuerung). In Österreich wurde die

46 In Deutschland liegt der Spitzensteuersatz bei 45% und wird erst ab einem Einkommen von 250.731 Euro Jahreseinkommen verrechnet (42% für Einkommen ab 52.882 Euro). Das war nicht immer so. Von 1975–1989 lag der Spitzensteuersatz in Deutschland bei 56% ab einem Einkommen von umgerechnet 66.470 Euro. Die USA sind überhaupt ein interessantes Beispiel für die Schwankungen des Spitzensteuersatzes: In der Nachkriegszeit bis 1964 betrug er über 90%, wurde dann auf 70% gesenkt und unter der neoliberalen Regierung von Ronald Reagan wurde er 1982 erst auf 50% und 1988 schließlich auf 28% reduziert. Wenn man Spitzensteuersätze von 70%, gar nicht zu reden von 90%, heute ernsthaft einführen würde, würden alle lauthals „Enteignung!“ rufen. In Frankreich wird diskutiert, für Einkommen oberhalb einer Million Euro für zwei Jahre eine Sonderabgabe in Höhe von 75% auf jenen Teil des Einkommens einzuführen, der die Eine-Million-Grenze übersteigt.

Individualbesteuerung 1973 eingeführt, in Deutschland besteht trotz heftig geführter Debatten nach wie vor die Haushaltsbesteuerung in Form des Ehegattensplittings. Einerseits liefert die Haushaltsbesteuerung negative Anreize für die Erwerbsbeteiligung der „Zweitverdienerin" (Steiner/Wrohlich 2006). Andererseits bringt sie AlleinverdienerInnenhaushalten große steuerliche Vorteile gegenüber Alleinstehenden. Wie stark diese Effekte sind, ist abhängig von der (theoretischen) Einkommensungleichheit zwischen den PartnerInnen, von der Ausgestaltung und Wirkung der Progressionsstufen und davon, wie sehr Paare auf steuerliche Anreizstrukturen reagieren oder nicht.

Als wäre das alles noch nicht kompliziert genug, können die
Effekte, die sich über die Ausgestaltung der Einkommenssteuer ergeben, durch weitere Steuerelemente (Steuerabsetz- und Steuerfreibeträge) verstärkt oder konterkariert werden. Steuerabsetzbeträge, die beispielsweise in Form von Kinder-, AlleinverdienerInnen- oder AlleinerzieherInnenabsätzbeträgen auftreten, verringern die Steuerschuld und verstärken dadurch den Umverteilungseffekt von oben nach unten. Steuerfreibeträge etwa für Betriebsmittel verringern hingegen die Steuerbemessungsgrundlage und kommen einkommensstarken Haushalten/Personen stärker zugute. Von Freibeträgen wird somit die progressive Wirkung des Einkommenssteuersystems unterlaufen.

Neben der Einkommenssteuer zählt die Umsatzsteuer zu den ergiebigsten Einnahmequellen von Staaten. Für den Kauf von Produkten wird ein Steuersatz fällig, in Österreich in der Regel 20, in Deutschland 19 Prozent. Egal, wie viel ich verdiene, diesen Betrag muss ich immer bezahlen, da er im Preis der Ware, die ich erstehe, automatisch enthalten ist. Diese Form der Besteuerung betrifft Personen mit geringem Einkommen stärker als solche mit hohem Einkommen. Kaufe ich mir einen neuen Computer um 600 Euro, betreffen mich die 100 Euro Umsatzsteuer, die darin enthalten sind, stärker, wenn mein Einkommen 1.000 Euro im

Monat, als wenn es 10.000 Euro im Monat beträgt. Man spricht hier von der regressiven Wirkung der Umsatzsteuer. Da Frauen generell weniger als Männer verdienen, profitieren Frauen stärker von Steuersystemen, die viele Elemente mit progressiver Verteilungswirkung aufweisen.

Für eine umfassende Analyse der Einnahmenseite des Staates müssten alle Steuern und Sozialversicherungsbeiträge gemeinsam betrachtet werden. Für Österreich konnten hier keine Umverteilungseffekte zwischen den Einkommensgruppen festgestellt werden (Guger et. al. 2009). Stärkere Umverteilungseffekte sind ausgabenseitig zu finden.

... über staatliche Ausgaben

Der andere Umverteilungshebel, mit dem der Staat operiert, ist die Gestaltung der Staatsausgaben. Wen erreicht der Staat mit seinen Geld- und Sachleistungen und mit seinen Ausgaben für Personal? Die Entscheidung, wofür der Staat Geld ausgibt oder wo er Geld einspart, ist eine wirtschafts- und gesellschaftspolitische Angelegenheit und hat unterschiedliche Auswirkungen auf die wirtschaftliche und soziale Situation von Männern und Frauen, von Armen und Reichen, von Personen mit Kindern und ohne Kinder, von gesunden und kranken Menschen, von Erwerbslosen und Erwerbstätigen. Die Verteilungswirkungen beziehen sich auf Geld, bezahlte Arbeit, unbezahlte Arbeit und die Freizeit. An ein paar Beispielen seien diese Auswirkungen illustriert.

Ausgaben für Infrastruktur und Sachleistungen: Ausgaben für bauliche Maßnahmen sind wichtige Posten im Budget. Finanziert werden können beispielsweise der Bau von Straßen, von Kindergärten oder die Instandsetzung von öffentlichen Verkehrsmitteln. Eine Gender-Budgeting-Analyse richtet ihren Fokus auf: Wer nutzt die errichtete Infrastruktur? Welche Arten von Arbeitsplätzen werden direkt und indirekt gefördert und wem kommen die Arbeitsplätze zugute? Wird in die Kindergarteninfrastruktur investiert, profitieren Eltern von zusätzlichen Platzangeboten (= Sachleistungen). Da vor allem Mütter ihre Erwerbsbeteiligung aufgrund von Kinderbetreuungspflichten einschränken, ist der Bau von Kindergärten eine gleichstellungsfördernde Maßnahme. Was die Arbeitsplätze anbelangt, profitieren – wenn von typischen Männer- und Frauenberufen ausgegangen wird – sowohl Männer, die ja vor allem in der Bauwirtschaft tätig sind, als auch Frauen, die als Kindergartenpädagoginnen arbeiten.

Ausgaben für Personal und soziale Dienstleistungen: Frauen profitieren in vielfacher Weise von der Erhöhung der Beschäftigung im öffentlichen Sektor. Der öffentliche Sektor bietet tendenziell vergleichsweise bessere Beschäftigungsbedingungen, insbesondere was die Lohngleichheit anbelangt, als die Privatwirtschaft. Des Weiteren ist der öffentliche Sektor ein wichtiger Bereitsteller sozialer Dienstleistungen. Wird das Personal für soziale Dienstleistungen oder im Bildungsbereich erhöht, erhöht sich das Arbeitsplatzangebot für Frauen. Schließlich trägt die Erhöhung des Angebots an sozialen Dienstleistungen (Kindergärten, Altersheime, Krankenhäuser etc.) zu einer Reduktion von Arbeit im unbezahlten Haushaltssektor bei.

Ausgaben für monetäre Transfers: Da Frauen überproportional von Armut und anderen sozialen Risiken betroffen sind, wirkt sich eine Erhöhung von Sozialtransfers wie der Sozialhilfe oder des Kinderbetreuungsgeldes oder des Pflegegeldes positiv auf die ökonomische Stellung von Frauen aus. Monetäre Transfers im Sozialbereich werden vielfach unter dem Schlagwort „Wahlfreiheit“ beworben. Diese Freiheit entpuppt sich oft als Scheinfreiheit, wenn die Geldsumme zu niedrig ist, um eine adäquate Leistung über den Markt beziehen zu können (Beispiel Pflegegeld) oder die Geldleistung an eine repressive Bedarfsprüfung geknüpft ist (Mindestsicherung, Arbeitslosengeld II). Monetäre Transfers des Staates können auch anderen Sektoren zugutekommen, sie sind nicht auf den Sozialbereich beschränkt. Ein Beispiel dafür ist der

Bankensektor, der im Zuge der Finanz- und Wirtschaftskrise mit Milliarden von Euro „gerettet" wurde. Ebenso werden der Agrarsektor und andere Unternehmen entweder direkt oder indirekt durch Zinszuschüsse, vergünstigte Kredite und Steuererleichterungen subventioniert. Umfassende Gender-Budgeting-Analysen würden auch die geschlechtsspezifische Verteilungswirkung dieser Maßnahmen in den Blick nehmen.

Gender Budgeting ist ein wichtiges und brauchbares Analyseinstrument, um gesellschaftspolitische Ziele und deren Auswirkungen auf das Geschlechterverhältnis über die Budgetpolitik als zentrales wirtschafts- und sozialpolitisches Vehikel zu überprüfen. Es ist ein konkretes Handlungsfeld der feministischen Ökonomie, für das Forschungsaufträge vergeben werden und das damit angetreten ist, evidenzbasiert und pragmatisch die Umverteilung von Geld, Zeit und Arbeit zwischen den Geschlechtern voranzutreiben und umzusetzen.

Die Grenzen des Wundermittels

Gender Budgeting ist mittlerweile im „Mainstream" angekommen. Es wird als Bekenntnis ernst genommen, in Österreich ist es sogar Teil des Finanzverfassungsgesetzes. Drei folgenreiche Probleme sind allerdings mit dem augenscheinlichen, aber möglicherweise oberflächlichen Erfolg von Gender Budgeting verbunden:

Die erste Falle ist, dass es beim Bekenntnis zum Gender Budgeting bleibt. Vielleicht werden sogar Analysen durchgeführt, in weiterer Folge fehlt aber der politische Wille (oder der „Budgetspielraum", um es „neutral" zu formulieren), die Ergebnisse umzusetzen. In vielen Ländern über den Globus wurde Gender Budgeting vor allem von Frauen eingefordert und durchgesetzt. Der Weg zur formalen Implementierung war in den meisten Fällen steinig und von mühseligen Verhandlungen und Diskussionen in den Verwaltungsapparaten begleitet. Ist der formale Prozess abgeschlossen, müssen finanzielle und personelle Mittel gefunden werden, Gender Budgeting auch tatsächlich mit Leben zu füllen. Diese Umsetzung ist personal- und zeitintensiv. Nimmt man die Zielformulierungen von Gender Budgeting ernst, müssten jegliche budgetrelevanten Maßnahmen auf allen Ebenen der Verwaltung einer geschlechtersegregierten Analyse unterzogen werden. Für Österreich können wir feststellen, dass das nicht der Fall ist. Damit in engem Zusammenhang steht die generelle Frage nach der Budgettransparenz, also die Lesbarkeit, Übersichtlichkeit und Durchschaubarkeit von öffentlichen Budgets sowie die konkrete Frage, ob die notwendigen Informationen für eine Gender-Budgeting-Analyse überhaupt zugänglich, kohärent und vergleichbar sind. Für das Wiener Budget können wir feststellen: Es ist zugänglich, aber transparent und verständlich ist es in vielen Bereichen nicht. Sollte es aber aus einem budgetdemokratischen Blickwinkel sein. Werfen Sie einfach einmal einen Blick in Ihr Gemeinde- oder Stadtbudget. Schauen Sie nach, welche Teile verständlich sind und welche nicht und welche Schlussfolgerungen sich hinsichtlich geschlechtsspezifischer Verteilung treffen lassen.

Der zweite Problembereich ist der Eigenlogik von Gender Budgeting geschuldet. Wir haben auf den zwiespältigen Umgang mit Kategorien wie Geschlecht bereits mehrmals hingewiesen. Im Gender Budgeting kann das Ernstnehmen der geschlechtsspezifischen Unterschiede gar ein Schuss nach hinten sein und Unterschiede im geschlechtsspezifischen Verhalten fortschreiben, anstatt sie zu hinterfragen. Ein Beispiel: Im Rahmen einer Gender-Budgeting-Analyse wird herausgefunden, dass die Verwendung von finanziellen Mitteln für die Freizeitgestaltungsinfrastruktur für Mädchen und Burschen aus dem Bezirksbudget geschlechtsspezifisch unterschiedliche Ergebnisse zur Folge hat: Mädchen nutzen die Skateboardrampen nicht, sie schauen lieber zu. Soll man ihnen deswegen Bankerln hinstellen, damit sie auch was von den Ausgaben des Bezirksbudgets haben? Natürlich nicht! Geldbeziehungen (in diesem Fall die Ausgaben der öffentlichen Hand) sind also Träger von Geschlechterverhältnissen und konstruieren durch ihren Einfluss die Performance von Geschlechtercharakteren mit. Sie können bereits existierende geschlechtsspezifische Ungleichheiten verstärken oder abschwächen. Dieses Beispiel steht für eine Vielzahl ähnlich gelagerter Probleme, die sich alle in der engen Logik „Bekommen Buben das, sollen Mädchen das auch bekommen" nicht lösen lassen. Anzusetzen gälte es auf einer anderen Ebene: Geld für Konzeption und vor allem die Umsetzung geschlechtssensibler Pädagogik in Kindergärten und Schulen. Eine weitere Schwierigkeit besteht auch darin, ob Ausgaben Männern, Frauen

oder beiden zugerechnet werden sollen. Was tun mit Ausgaben für Frauenhäuser? Sollen die öffentlichen Ausgaben für Gewaltprävention in den Familien den Frauen zugerechnet werden, obwohl die Gewalt von den Männern ausgeht? Gender Budgeting braucht also einerseits eine feministische, systemkritische Auseinandersetzung mit Geschlechterverhältnissen, um die ungleiche gesellschaftliche Partizipation von Männern und Frauen, die auf materieller, Status bezogener und repräsentativer Ungleichheit beruht, zu verändern (vgl. Fraser 2009b). Andererseits geht es auch darum, bei den Bedürfnissen der NutzerInnen anzusetzen, nachzufragen und ihre Partizipation bei der Budgetgestaltung einzuplanen. Also, Mädchen, rauf auf die Rampe – ein neues Skateboard gibt's von der Frau Bezirksvorsteherin.

Gender Budgeting impliziert, mit vorhandenen oder zu lukrierenden öffentlichen Mitteln im Sinne der Geschlechtergerechtigkeit herumzufuhrwerken. Der Gang durch die budgetpolitischen Institutionen soll eine geschlechtergerechtere Gesellschaft bewirken – der Staatsapparat ist also der zu beschreitende Weg zur Gleichstellung von Männern und Frauen. Gender Budgeting arbeitet in und mit dem Staat. Weitergehende Staatskritik findet sich selten. Der Ruf nach mehr Geld für Mädchenberatungsstellen, Bubenarbeit, Frauenförderung etc. ist laut und deutlich wahrzunehmen. Aber wer bekommt das Geld? Welche Inhalte und Programme werden gefördert? Gleichzeitig schafft der staatliche Geldhahn Abhängigkeiten und Verbindlichkeiten gegenüber Staatsapparaten, die ja besonders darauf schauen, das System kapitalistischer Verwertungslogik zu stabilisieren und zu optimieren. Die Alternative? Kein Geld vom Staat, dafür autonom und selbstorganisiert? Schauen wir uns an, was restriktive Fiskalpolitik oder gar ein Staatsbankrott für Geschlechterverhältnisse aus ökonomischer Perspektive bedeuten.

Geschlechterverhältnisse in ökonomischen Krisenzeiten

Wir befinden uns in einer Epoche, in der neoliberal inspirierte Wirtschaftspolitik und restriktive Fiskalpolitik durchgesetzt und umgesetzt werden. Die Institutionen, Thinktanks, Bürokraten und PolitikerInnen der Europäischen Union und ihrer Mitgliedsländer folgen einem ideologischen Projekt, das die grundsätzliche Überlegenheit marktbasierter Lösungen gegenüber anderen Gestaltungsweisen von Ökonomie voraussetzt. Die neoliberale Krisenpolitik fordert in alter Tradition Deregulierung und Privatisierung. Diese waren bereits inklusive einer restriktiven Geldpolitik die zentralen Rezepturen von Strukturanpassungsprogrammen, die vom Internationalen Währungsfonds und der Weltbank Ländern des globalen Südens auferlegt wurden. Im Zuge der Schuldenkrisen der 1980er-Jahre wurden zumindest 75 Entwicklungsländer Strukturanpassungsprogrammen unterzogen. Die Stehformulierungen, mit denen diese Maßnahmen als notwendig beworben werden, sind anlassbezogen immer wieder neu. „Erhöhung der Wettbewerbsfähigkeit", „Modernisierung der öffentlichen Verwaltung" und „fiskalpolitische Nachhaltigkeit" sind aktuelle Beispiele. Neu ist jedenfalls auch das Ausmaß, in dem Angriffe auf die Rechte von ArbeitnehmerInnen inklusive der Tarifautonomie von Gewerkschaften erfolgen. Die Konsequenzen der gegenwärtigen Konsolidierungspakete und der Strukturanpassungsprogramme sind vielfältig. Sie führten und führen aber jedenfalls zu massiven Verschiebungen zwischen Markt, Staat und privaten Haushalten und somit zu Verschiebungen zwischen bezahlter und unbezahlter Arbeit. Diese Prozesse sind einer der zentralen Punkte feministischer Krisenanalysen.

Sparen – die regelgeleitete Fiskalpolitik

Ein zentrales Kriterium Europäischer Wirtschaftspolitik ist es, die sogenannte Nachhaltigkeit öffentlicher Finanzen zu verfolgen. Die Länder der Europäischen Union haben sich Regeln und Grenzwerte auferlegt, denen die nationalen Haushalte zu folgen

haben. Im Zuge der Finanz- und Wirtschaftskrise wurden weitere Regelungen verabschiedet, welche die makroökonomischen Entwicklungen der einzelnen EU-Länder und insbesondere des Euroraums überwachen und bei Abweichungen „korrigieren" sollen (vgl. *Kurswechsel* 1/2012).

Regelgeleitete Fiskalpolitik ist vor allem in Krisenzeiten, wie wir sie momentan in der Europäischen Union erleben, mit restriktiver Fiskalpolitik – also sinkenden Ausgaben – gleichzusetzen (Klatzer/Schlager 2011, 2012). Sinkt das BIP, sinken die Einnahmen des Staates. Sinken die Einnahmen des Staates, muss irgendwo gespart werden, um das Defizit und den Schuldenstand gleich zu halten. Die Konsolidierung der öffentlichen Budgets im gesamten Europäischen Raum der Jahre 2011 bis 2012 erfolgten zu zwei Drittel über die öffentlichen Ausgaben und zu einem Drittel über die öffentlichen Einnahmen. Ausgabenseitig wurde insbesondere bei öffentlich Bediensteten, bei Sozialleistungen und Pensionen, im Gesundheitsbereich und bei Investitionen eingespart. Ein wesentliches Ziel der „Reformen" im Bereich der Pensions- und Gesundheitsfürsorge ist die Ausdehnung der Lebensarbeitszeit: einerseits über die Anhebung des Pensionszeitalters und andererseits über die Reduktion von Phasen im Erwerbsleben, in denen keiner Lohnarbeit nachgegangen werden muss und die trotzdem finanziell (etwa durch Arbeitslosengeld) abgesichert sind.

Auf der Einnahmenseite schlagen sich primär die Erhöhung von Konsumsteuern, gefolgt von der Streichung steuerlicher Sonderregelungen und höherer Spitzensteuersätze zu Buche (Feigl 2012). Wenn Steuererhöhungen zu Konsolidierungszwecken unvermeidlich erscheinen, wird vonseiten der Europäischen Kommission die Erhöhung genau jener Steuer empfohlen, die regressive Verteilungseffekte hat und Personen mit geringem Einkommen stärker belasten: der Mehrwertsteuer. Die verheerenden Folgen der Konsolidierungspakete sehen wir in den Krisenländern der Europäischen Union: extrem hohe Arbeitslosenraten, schrumpfendes BIP, sinkende Löhne nach direkten Lohnkürzungen oder im Zuge der Flexibilisierung der Arbeitsmärkte steigende Armutsbetroffenheit und erhöhte Sterblichkeit durch die Einschränkung der öffentlichen gesundheitlichen Versorgung.

Ohne Geld – welche Versorgung?

Stillschweigend wird davon ausgegangen, dass Auswirkungen von makroökonomischer Politik (etwa von Lohnsenkungen und dramatischen Senkungen der öffentlichen Ausgaben) auf gesellschaftliche Stabilität ignoriert werden können. Denn die gesellschaftliche Reproduktion wird unabhängig von den herrschenden makroökonomischen Regeln ohnehin weiter funktionieren – und Frauen werden den Ausfall öffentlicher gesellschaftlicher und reproduktiver Dienstleistungen kompensieren. Christa Schlager und Elisabeth Klatzer (2012, 30) sprechen in diesem Zusammenhang von der „Auslagerung der Stabilisierungsfunktion von Wirtschaftspolitik“. Die Kosten der Austeritätspolitik werden auf dem Rücken der Frauen privatisiert und „auf die Küche abgewälzt“ (Elson 2002). Bereits Dalla Costa sprach in den 1970er-Jahren von der krisenstabilisierenden Funktion von Haushalten, die arbeitslos gewordene Familienmitglieder weiter versorgt. Die ungleiche Verteilung von Arbeit, Einkommen, Vermögen und Freizeit entlang unterschiedlicher Stratifizierungsmerkmale (Geschlecht, Alter, Herkunft, Gesundheit) haben sich seit der „Krisenbewältigung" nochmals verschärft und auseinanderentwickelt. Die Aufrechterhaltung oder Verstärkung der ökonomischen Ungleichheit ist Teil des neoliberalen Wirtschafts- und Gesellschaftsprogramms, das der Krise ein Ende bereiten soll.

Der oktroyierte Rückzug des Staates zeitigte in den Krisenländern verheerende Auswirkungen, insbesondere was die Gesundheitsversorgung und materielle Versorgung anbelangte. Gleichzeitig entwickelten sich beispielsweise in Griechenland, Spanien oder in Argentinien zu Beginn der 2000er-Jahre selbstorganisierte Initiativen, die dem Elend der staatlichen Versorgung ihre eigenen Taktiken der Aneignung und Bereitstellung kollektiver Güter entgegenstellten. Häuser wurden besetzt. Krankenhäuser übernommen. Fabriken in Eigenregie weitergeführt. Mieten nicht bezahlt. Strom, Gas und Wasser abgezapft. Medikamente und kollektive Essensausgaben organisiert. Von *Arbeits*losigkeit kann da wohl keine Rede sein. Trotzdem: Die materielle Armut inklusive Obdachlosigkeit, Hunger und Krankheit sind im Ansteigen begriffen. Bewirken diese Initiativen nichts anderes als selbstorganisierte Elendsverwaltung? Oder sind sie doch ein Anstoß, uns Gedanken über die Organisation einer nichtkapitalistischen, geschlechtergerechten Gesellschaft zu machen?

Schluss mit Utopien

Nach vielen Facetten der Kritik an patriarchal-kapitalistischen Zuständen möchten wir nun in aller Kürze ein paar Schlaglichter auf historische und aktuelle Widerstandsformen werfen sowie Beispiele konkreter Utopien für eine postpatriarchale wie postkapitalistische Ökonomie skizzieren.

Die Geschichte der Protest- und Widerstandsformen von Frauen sowie ihrer Utopien ist reich und vielfältig: Sie reichen vom Einküchenhaus, dem Hull House in Chicago, landesweiten Frauenstreiks, über Gebärstreiks gegen den Krieg und Lächelstreiks gegen den Alltagssexismus bis hin zu kommunistischen Gesellschaftsentwürfen. Frauen wie Harriet Taylor Mill ließen sich von der Idee des bedingungslosen Grundeinkommens des Frühsozialisten Charles Fourier und seiner utopischen Produktions- und Wohngenossenschaft des Phalanastère inspirieren. Charlotte Perkins Gilman schrieb in ihrem utopischen Roman *Herland* von einem technologisch hochentwickelten Land ohne Männer, in dem Frauen gleichberechtigt leben und alle Güter und Dienstleistungen in kommunalem Besitz sind. Beim Einküchenhaus, das für kurze Zeit im Wien der 1920er-Jahre bestand und in anderen Städten Nachahmung fand, bekamen alle Bewohnerinnen über Aufzüge das in der Zentralküche des Hauses zubereitete Essen in ihre Wohnungen geliefert. Das Hull House der Settlementbewegung, gegründet Ende des 19. Jahrhunderts in Chicago, bestand über hundert Jahre und glich in seiner Funktion einem Nachbarschafts- und Kulturzentrum. Über die kollektiv organisierte Essensausgabe erfüllte es starke reproduktive Funktionen. Das Gratisfrühstück für Schulkinder spielte eine wesentliche Rolle im Organisierungsprozess der Black Panther Party im Rahmen des Civil Rights Movement in den 1960er-Jahren in den USA. Unter dem Motto „Wenn Frau will, steht alles still" streikten 1991 eine halbe Million Schweizerinnen; 1975 folgten über 90 Prozent der Frauen Islands dem Aufruf „Einen Tag freizunehmen, um die Bedeutung der von ihnen verrichteten Arbeit zu demonstrieren" (Thorleifsdóttir 1994, 35). Später wurde der Tag als „Freier Tag für Frauen" bekannt und zehn Jahre später gingen die Isländerinnen – wenngleich in kleinerem Rahmen – abermals auf die Straße. Durchaus unterschiedlich sind diese Beispiele in ihrer politischen Intention und Reichweite. Was sie jedoch eint, ist die Zentralität der Reproduktionsarbeit für ihre Auseinandersetzungen: Einerseits wurde die Sphäre der Reproduktion selbst als Quelle und Mittel des Protests genutzt; andererseits wurden kollektive Organisationsformen der Reproduktionsarbeit gefunden, die die individualisierte Frauenarbeit ersetzen sollte.

Im Zuge der gegenwärtigen Wirtschaftskrise verstärkten sich Diskussionen um alternative Wirtschafts- und Gesellschaftsprojekte. Auf drei Ansätze werden wir im Folgenden eingehen: das bedingungslose Grundeinkommen, die 4-in-1-Perspektive der marxistischen Feministin Frigga Haug und die sogenannten Reproductive Commons. Im bedingungslosen Grundeinkommen wird die finanzielle Absicherung aller gefordert (vgl. Haug 2008, Reitter 2012, Exner/Kratzwald 2012). Die 4-in-1-Perspektive stellt die Verteilung von Arbeit in den Fokus gesellschaftlicher Veränderung. Die Commons zielen auf die kollektive Nutzung und Erzeugung von Gütern und Dienstleistungen ab. Allen dreien geht es um die Wiederaneignung von Zeit. Fragen der geschlechtsspezifischen Arbeitsteilung und demokratisch antipatriarchaler Entscheidungsstrukturen bleiben vor allem bei den Modellen des Grundeinkommens und der Commons offen. Aus feministischer Perspektive stellen diese beiden Ansätze kein umfassendes Konzept, aber wichtige Bausteine für eine feministische Utopie dar. Zu guter Letzt sei noch erwähnt, dass sich diese drei unterschiedlich gelagerten Ansätze nicht ausschließen, sondern durchaus kombinierbar sind.

Bedingungsloses Grundeinkommen für alle

Als „eine schöne und einfache Idee" wird das bedingungslose Grundeinkommen für alle beworben. „Wie würden Sie Ihre Zeit verbringen, wenn für Ihre Existenz gesorgt wäre?", lautet die Kernfrage des bedingungslosen Grundeinkommens. Es lädt ein, zu träumen und zu reflektieren, was es heißt, in Freiheit tätig zu sein. Das bedingungslose Grundeinkommen bezieht seine potenzielle Sprengkraft aus drei Punkten: Erstens gewährt es monetäre Anerkennung – oder zumindest eine finanzielle Absicherung – für all jene Arbeiten, die bis dato unentgeltlich waren. Zweitens ermöglicht es eine Loslösung vom Zwang zur Lohnarbeit. Und drittens wäre es für alle. Alle bezieht sich auf all jene Personen, die in einem gewissen Gebiet ihren Lebensmittelpunkt haben. Die Frage nach Staatsangehörigkeit wird hier nicht gestellt. Ob wir uns tatsächlich vom Zwang zur Lohnarbeit verabschieden und finanziell abgesichert und gut leben könnten, ist untrennbar mit der Höhe des bedingungslosen Grundeinkommens und der Ausgestaltung sozialstaatlicher Leistungen verbunden. Ist die Höhe des bedingungslosen Grundeinkommens im Vergleich zum durchschnittlichen Lebensstandard zu gering, hätte es – ähnlich wie eine zu geringe Höhe bei der Forderung nach Lohn für Hausarbeit – eine Zementierung der Hausfrauenrolle und eine Subventionierung des Niedriglohnsektors zur Folge. Was die Höhe angeht, sind wir nicht bescheiden.

Das derzeitige Gefüge, wie Arbeit und damit letztlich auch unsere Gesellschaft organisiert sind, würde durch die Einführung des bedingungslosen Grundeinkommens ordentlich ins Wanken geraten, es würden Spielräume für eine Neugestaltung eröffnet, und es wäre Zeit für politische Arbeit gewonnen. So viel steht fest.

Was alles geschehen wird, lässt sich allerdings schwer vorhersagen, darin liegt jedoch auch sein Reiz. Vielleicht würden die Scheidungsraten steigen? Die gegenseitige ökonomische Abhängigkeit von Lebensgemeinschaften wäre viel schwächer. Gegenwärtige Niedriglohnsektoren würden verschwinden? Globale Wertschöpfungs- und Handelsketten würden im Fall eines globalen Grundeinkommens in ihrer jetzigen Form reißen und nach neuen Wegen der Produktion suchen? Initiativen für bedingungsloses Grundeinkommen finden sich rund um den Globus. Brasilien hat es sich als anzustrebendes Ziel in die Verfassung geschrieben. Erste Experimente im Rahmen kleinräumiger Umsetzungen in Namibia und Indien erfreuten sich erfolgsbescheidener Beliebtheit.

Mögliche Auswirkungen eines bedingungslosen Grundeinkommens zu denken, bedeutet auch, die Trennung zwischen bezahlter und unbezahlter Arbeit, die meist in einem strategischen Schweigen über unbezahlte Arbeit resultiert, zu beenden. Seine Umsetzung würde die Verteilung von Geld, (bezahlter und unbezahlter) Arbeit und Freizeit und damit einhergehende Machtstrukturen maßgeblich beeinflussen. Aufgrund der vielfältigen Zusammenhänge, Vernetzungen und Überschneidungen zwischen den Arbeits- und Lebenszusammenhängen ist es unmöglich, dass eine Maßnahme alleine – selbst wenn sie so umfassend ist wie das bedingungslose Grundeinkommen – eine Aufhebung bestehender Ausbeutungs- und Abhängigkeitsverhältnisse (auch zwischen den Geschlechtern) herbeiführt. Erwerbslose stehen hierbei genauso im Zentrum wie Personen, die in Niedriglohnbranchen beschäftigt sind, wie Personen, die überwiegend Hausarbeit verrichten, oder Personen ohne Arbeitsgenehmigung. In diesem Sinne ist es eine wesentlich umfassendere Forderung als beispielsweise die Forderung nach einem Mindestlohn, auch wenn dieser hoch angesetzt wird, oder die Forderung nach einer Arbeitszeitverkürzung, auch wenn diese bei vollem Lohnausgleich umgesetzt wird. Diese beiden Forderungen – die als zusätzliche Maßnahmen durchaus sinnvoll sein können – setzen bei der Dichotomie zwischen bezahlter und unbezahlter Arbeit an, zielen auf Verbesserungen im Bereich der bezahlten Arbeit ab und implizieren das Primat der bezahlten Lohnarbeit als politisches Kampffeld. Anders beim bedingungslosen Grundeinkommen: Hier fangen alle „Räder" an, sich gleichzeitig zu drehen. Sexistische oder rassistische Machtstrukturen sind jedoch nicht nur ökonomisch bedingt und lösen sich nicht allein durch die Einführung einer finanziell existenzsichernden Absicherung auf. Wer kümmert sich um die Kinder, Alten und Kranken und um die tägliche Hausarbeit? Wer bekommt die gutbezahlten und interessanten Jobs? Diese Fragen hat das bedingungslose Grundeinkommen nicht primär im Blick. Die Frauenbewegung würde jedenfalls nicht überflüssig werden. An der Frage nach der Organisation von Versorgungsleistungen jenseits von Markt und Staat setzen die Debatten rund um Commons an. Darauf werden wir weiter unten zurückkommen, vorerst aber noch ein paar Worte zu jenen Vorschlägen, die Frigga Haug in ihrer 4-in-1-Perspektive entwickelt hat.

4-in-1-Perspektive

Eine Utopie von Frauen, die eine Utopie für alle ist: Die 4-in-1-Perspektive der marxistischen Feministin Frigga Haug ist, in sozialistischer Tradition stehend, im Vergleich zum Grundeinkommen geplanter und strukturierter angelegt. 4-in-1 umfasst die vier Tätigkeitsfelder: den Erwerbsbereich, den Reproduktionsbereich, Kultur und Politik, die im Hinblick auf eine gerechte Verteilung der Arbeit gedanklich zusammengeführt werden. Ihre Utopie enthebt die Lohnarbeit aus dem Zwang eines Achtstundentages und erteilt der gegenwärtigen Arbeitsteilung zwischen Frauen- und Männerarbeit, Hand- und Kopfarbeit, Stadt und Land und schließlich auch zwischen Arbeit und Nichtarbeit eine Absage. Die Zahl Vier bezieht sich zugleich auf das Zeitausmaß, das potenziell jedem dieser vier Bereiche zufallen soll: Vier mal vier Stunden macht in Summe sechzehn. Acht Stunden verbleiben für den täglich notwendigen Schlaf. Ihre Utopie, die auf ein Fernziel, die Überwindung des Kapitalismus, orientiert, aber durchaus in der Gegenwart verankert ist, impliziert eine radikale Form der Arbeitszeitverkürzung – zumindest dann, wenn Arbeit mit Erwerbsarbeit gleichgesetzt wird: vier Stunden täglich. Im Gegensatz zum bedingungslosen Grundeinkommen, bei dem völlig offen bleibt, wer die Reproduktionsarbeit wie und in welchem Ausmaß verrichtet, hat Frigga Haug diese Arbeit, die es gesellschaftlich gerecht zu verteilen gilt, explizit im Blick. An der Reproduktionsarbeit haben sich alle, unabhängig vom Geschlecht, in gleichem Umfang zu beteili-

gen. Vier Stunden Politik bezieht sich auf eine „Politik von unten", auf eine Politik der Gesellschaftsgestaltung, an der alle teilhaben können und sollen und die sich einer Politik, die auf professionelle PolitikerInnen beschränkt bleibt, entgegenstellt. Die 4-in-1-Perspektive fordert die demokratische Einmischung aller und setzt auf Rahmenbedingungen, bei der, um eines von Frigga Haugs Marx-Lieblingszitaten in diesem Zusammenhang zu nennen, „die Entwicklung eines jeden Voraussetzung der Entwicklung aller ist".

Commons und Gemeingüter

Commons, vom englischen „common" für gemeinsam, auf Deutsch oft auch verkürzt als Gemeingüter bezeichnet, verweisen auf eine soziale Praxis der gemeinsamen Nutzung (lebensnotwendiger) Ressourcen, Güter und Dienstleistungen. Commons sind konkret auf der Nutzungs- und Produktionsebene einer Gesellschaft angesiedelt und bieten als solche Anschlussstellen an jene Fragezeichen, die sowohl das Grundeinkommen als auch die 4-in-1-Perspektive hinterlassen. Communing ist schließlich der Ausdruck für das Herstellen der Commons, für den kollektiven Aushandlungsprozess, wie und unter welchen Regelungen und Sanktionen bestimmte Ressourcen nachhaltig genutzt werden sollen. Zunächst bezogen sich Commons auf Ressourcen wie

Wasser, Wälder oder Boden und standen damit immer schon in enger Verbindung mit Wissen und Kultur. Gegenwärtige Commonsdebatten beziehen sich genauso auf soziale Infrastruktur wie öffentlicher Verkehr, Strom oder Bildung; reproduktive Commons umfassen unter anderem Bereiche der Pflege, Gesundheit, Kinderbetreuung, Essensversorgung. Aus feministischer Perspektive sind Commons zumindest aufgrund dreier Aspekte attraktiv: Erstens, soziale Infrastruktur im weitesten Sinne ist für Frauen, wenigstens so lange Einkommens- und Vermögensunterschiede zwischen den Geschlechtern bestehen, von besonderer Wichtigkeit. Zweitens, Commons haben das Potential zu antipatriarchalen, demokratischen Entscheidungsprozessen. Drittens bieten sie Alternativen zur Organisation von Versorgungsleistungen jenseits von Kleinfamilie, Staat oder Markt.

Die Almende, das gemeinsam genutzte Weide- und Ackerland, oder auch der Weiher, in dem alle fischen, und der Wald, aus dem alle Holz beziehen konnten, sind die bekanntesten historischen Beispiele für Commons. Deren Einhegung, die Privatisierung und Zerstörung lokaler Nutzungsgemeinschaften, stand am Anfang der Entwicklungsgeschichte des Kapitalismus und vollzog sich als brutaler und heftig umkämpfter Raub kollektiver Subsistenzgüter: So wurde die Fischerin zur Diebin und der Versuch, Äpfel von der Wiese einzusammeln, zum Hausfriedensbruch. Und auch alle gegenwärtigen Versuche der Wiederaneignung sozialer Infrastruktur, die durch neoliberale oder „krisenpolitische“ Privatisierung für viele nicht mehr leistbar waren – beispielsweise das Abzapfen von Strom in einigen Stadtvierteln Istanbuls, Johannesburgs oder Méxicos oder die Gratisnutzung öffentlicher Verkehrsmittel – sehen sich regelmäßig mit zum Teil brutaler staatlicher Sanktionierung konfrontiert. Dem durchaus kapitalistisch getriebenen technischen Fortschritt ist die Hervorbringung einer der bekanntesten und weltumspannendsten gegenwärtigen *Commons* zu verdanken: die internetbasierte Open-Source-Software bzw. die freie Software-Bewegung.

Commons, die sich nicht oder nur schwer einhegen bzw. privatisieren lassen, sei es aufgrund „technischer" Schwierigkeiten, weil es sich bei ihnen um sogenannte öffentliche Güter handelt oder weil soziale Protestbewegungen um ihre Wiederaneignung ringen, stellen den Kapitalismus regelmäßig vor Verwertungsschwierigkeiten. Die Praxis der Commons bewegt sich dennoch in einem Spannungsverhältnis. Zum einen sind sie durchaus in die Marktwirtschaft integrierbar, wie auch die zahlreichen Beispiele der Commonsforscherin und Wirtschaftsnobelpreisträgerin Elinor

Ostrom zeigen. Zum anderen bieten sie sich als vierte Alternative zu Produktion in Privathaushalt, Markt oder Staat an. Und genau dieser Punkt ist es, der Commons auch für Tätigkeitsbereiche der Reproduktion so attraktiv macht.

Reproduktive Commons unterscheiden sich dennoch von Commons, die sich als Ressource wie Wasser oder Boden beschreiben lassen. Wasser und Boden sind zumindest bis zu einem gewissen Grad gegebene Ressourcen, über deren gemeinsame Nutzung, Pflege und Erhaltung verhandelt werden muss. Freie Software, Erfindungen und Wissen benötigen zu ihrer Herstellung einen gewissen Arbeitsumfang. Sind sie aber erst einmal auf die Welt gebracht, lassen sie sich verteilen und zumindest im Fall der digitalen Medien auch vervielfältigen, ohne weitere Kosten von hohem Umfang zu erzeugen. Gänzlich anders stellt sich die Situation für reproduktive Tätigkeiten, die als Commons organisiert sein wollen, dar. Diese umfassen ein ungleich höheres Produktionsvolumen und beinhalten Leistungen, die täglich erbracht werden müssen. Manche reproduktive Tätigkeiten wie Staubsaugen oder Wäschewaschen lassen sich aufschieben oder bis um einen gewissen Grad reduzieren. Aber die knurrenden Mägen verlangen täglich nach Essbarem und die Pflege von Alten und Kranken kann zu einem 24-Stunden-Job werden. Bei reproduktiven Commons geht es im

Gegensatz zu den Ressourcen nahen Commons nicht nur um die kollektiv zu lösende Frage, wie deren Nutzung erfolgen soll, sondern vor allem um die Frage, wie deren Herstellung erfolgen soll. Im Hinblick auf die Essensversorgung gibt es nichts Ineffizienteres als einen Singlehaushalt. Die Effektivität einer Großküche stellt die Produktionsleistung jeder Kleinfamilie in den Schatten. Inessa Armand, russische Revolutionärin, schrieb bereits zu Beginn des vorigen Jahrhunderts: „Mit der Einrichtung von öffentlichen Speisehäusern und Küchen verschwindet zugleich auch die Hauswirtschaft, der Kochtopf. Dieser wird zwar von der Bourgeoisie gar sehr verherrlicht, vom ökonomischen Standpunkt aus hat er sich als gänzlich unzweckmäßig erwiesen. Für die Bäuerin und insbesondere die Arbeiterin ist er eine überflüssige, unerträgliche Last, die ihr die letzte Muße raubt und ihr die Möglichkeit nimmt, Versammlungen beizuwohnen, Bücher zu lesen und sich am Klassenkampf zu beteiligen." Die tägliche Reproduktion als Commons zu organisieren, kann von einem gesamtgesellschaftlichen Gesichtspunkt aus gesehen arbeitssparend sein. Gleichzeitig bietet diese Organisationsform einen Aushandlungsrahmen, der reproduktiven Tätigkeiten so viel Zeit zukommen lässt, wie wir für das Wohlbefinden als wichtig und notwendig erachten.

Die vorgestellten Beispiele konkreter Utopien zur vorherrschenden, kapitalistisch und patriarchal verfassten Wirtschaftsordnung sind weder als einander ausschließende, noch als eine vollständige Aufzählung von Alternativen zu verstehen. Nicht theoretische Entwürfe, sondern die Praxis der (Frauen-)Bewegungen wird letztlich zeigen, ob und in welcher Form diese Utopien tatsächlich zur Verwirklichung drängen.

Literaturverzeichnis

Agarwal, Bina (1997): „Bargaining" and Gender Relations: Within and Beyond the Household, in: Feminist Economics Vol. 3(1), 1–51.

Aliaga, Christel (2006): Wie verbringen Frauen und Männer in Europa ihre Zeit?, in: Statistik kurz gefasst 4/2006, Brüssel.

Allgoewer, Elisabeth (2013, i. E.): Frühe deutsche Nationalökonominnen. Eine Spurensuche, Marburg.

Anderson, Benedict (1996): Die Erfindung der Nation. Zur Karriere eines folgenreichen Konzepts, New York.

Anderson, Bridget (2000): Doing the Dirty Work?, London/New York.

Badgett, M.V. Lee (1995): Gender, sexuality, and sexual orientation: All in the feminist family? In: Feminist Economics Vol.1 (1), 121–139.

Badgett, M.V. Lee/Schneebaum, Alyssa (2015): The impact of wage equality on sexual orientation poverty gaps, The Williams Institute, http://williamsinstitute.law.ucla.edu/wp-content/uploads/Impact-of-Wage-Equality-on-Sexual-Orientation-Poverty-Gaps-June-2015.pdf.

Bair, Jennifer (2010): On Difference and Capital: Gender and the Globalization of Production, in: Signs Vol. 36(1), 203–226.

Bakker, Isabella (HG) (1994): The Strategic Silence. Gender and Economic Policy, London.

Bakker, Isabella (2007): Social Reproduction and the Constitution of a Gendered Political Economy, in: New Political Economy Vol. 12(4), 541–556.

Barker, Drucilla (2005): Beyond Women and Economics: Rereading „Women's Work", in: Signs Vol. 30(4), 2189–2209.

Barker, Drucilla/Kuiper, Edith (HG) (2003): Toward a Feminist Philosophy of Economics, London/NewYork.

Bauhardt, Christine/Çaglar, Gülay (HG) (2010): Gender and Economics. Feministische Kritik der politischen Ökonomie, Wiesbaden.

Becker-Schmidt, Regina/Knapp, Gudrun-Axeli (2007): Feministische Theorien zur Einführung, Hamburg.

Becker, Gary (1996 [1985]): Eine ökonomische Analyse der Familie, in: Pies, Ingo (HG) (1996): Familie, Gesellschaft und Politik – die ökonomische Perspektive, Tübingen, 101–111.

Beer, Ursula (1983): Marxismus in Theorien der Frauenarbeit. Plädoyer für eine Erweiterung der Reproduktionsanalyse, in: Feministische Studien Vol. 2(2), 136–147.

Beer, Ursula (1989): Objektivität und Parteilichkeit – ein Widerspruch in feministischer Forschung? Zur Erkenntnisproblematik von Gesellschaftsstruktur, in: Beer, Ursula (HG): Klasse Geschlecht, Bielefeld, 163–212.

Beigewum (2003): Frauen macht Budgets, Wien.

Beigewum (2005): Mythen der Ökonomie. Anleitung zur geistigen Selbstverteidigung in Wirtschaftsfragen, Hamburg.

Bennholdt-Thomsen, Veronika/Mies, Maria/Werlhof, Claudia v. (1983a): Frauen, die letzte Kolonie, Hamburg.

Bennholdt-Thomsen, Veronika/Mies, Maria/Werlhof, Claudia v. (1983b): Frauenarbeit als zentraler Bestandteil der kapitalistischen Produktionsweise, in: dies. (1983a), 83–86.

Bettio, Francesca/Mazzotta, Fernanda (2011): The future of care in Europe. Exploring the trade-offs that are driving change, in: Kurswechsel 4/2011, 36–49.

Biesecker, Adelheid (1985): Nicht-kapitalistisches Milieu und Hausarbeit – Mit welcher Berechtigung und welchem Erfolg stützt sich die feministische Theorie auf Rosa Luxemburg?, in: Beiträge 15/16, Köln, 165–179.

Birkner, Martin/Knittler, Käthe (2001): Ehekrise. Zur Geschichte feministischer Marxkritik, in: grundrisse. zeitschrift für linke theorie & debatte 2, 38–45.

Birkner, Martin/Knittler, Käthe (2006): Frau am Herd & Arbeitswert: Zur Geschichte und möglichen Zukunft feministischer Auseinandersetzungen mit der Marxschen Kritik der politischen Ökonomie, in: Hoff, Jan/Petriolo, Alexis/Stützle,Ingo/Wolf, Frieder Otto (HG): Das Kapital neu lesen: Beiträge zur radikalen Philosophie, Münster, 324–350.

Bock-Schappelwein, Julia/Eppel, Rainer/Mühlberger, Ulrike (2009): Sozialpolitik als Produktivkraft, in: WIFO-Monatsberichte 11/2009, 845–857.

Bofinger, Peter (2011): Grundzüge der Volkswirtschaftslehre. Eine Einführung in das Funktionieren von Märkten, München.

Boris, Eileen/Klein, Jennifer (2006): Organizing Home Care: Low-Waged Workers in the Welfare State, in: Politics Society Vol. 34(1), 81–108.

Boudry, Pauline/Kuster, Brigitta/Lorenz, Renate (HG) (2000): Reproduktionskonten fälschen! – Einführung, Berlin, 6–36.

Brunner, Jessica (1994): Ökonomische Erklärungsansätze für die Diskriminierung von Frauen auf dem Arbeitsmarkt, in: Geographica Helvetica 1994 (1), 11–18.

Bundesamt für Statistik (BFS) (2004): Satellitenkonto Haushaltsproduktion, Pilotversuch für die Schweiz, Neuchâtel. http://www.bfs.admin.ch/bfs/portal/de/index/themen/20/22/publ.html?publicationID=1497.

Búriková, Zuzana/Miller, Daniel (2010): Au Pair, Cambridge.

Çagatay, Nilüfer (2003): Engendering Macro-economics, in: Gutiérrez, Martha (Hg), 22–42.

Center for Time Use Resarch, http://www-2009.timeuse.org/.

Charusheela, S./Zein-Elabdin, Eimann (2003): Feminism, Postcolonial Thought and Economics, in: Ferber, Marianne/Nelson, Julie (HG), 174–192.

Cooper, Brian (2003): Social classifications, social statistics, and the „facts" of „difference" in economics, in: Barker, Drucilla/Kuiper, Edith (HG), 61–179.

Coulson, Margaret/Magas, Branka/Wainwright, Hilary (1975): The Housewife and her Labour under Capitalism – A Critique, in: New Left Review 89, 59–72.

Cranford, C. J. (2014): Towards Flexibility with Security for (Im)migrant Care Workers: A Comparative Analysis of Personal Assistance Services in Toronto and Los Angeles, in: Anderson, B., Shutes, I., (HG): Migration and Care Labour, Palgrave Macmillan, 173–191.

Dalla Costa, Mariarosa (1975): A General Strike, in: Edmond, Wendy/Fleming, Suzie (HG): All work and no pay, London, 125–127.

Dalla Costa, Mariarosa (1978): Die Frau und der Umsturz der Gesellschaft, in: Dalla Costa, Mariarosa/James, Selma (1978): Die Macht der Frau und der Umsturz der Gesellschaft, Berlin, 27–67.

Dalla Costa, Mariarosa (2005): Eine Frage der Würde. Der Haushalt als Betrieb und die feministische Kritik am Operaismus, in: analyse + kritik. zeitung für linke debatte und praxis 497, 16.

Daly, Mary/Rake, Katherine (2003): Gender and the Welfare State, Cambridge.

Desrosières, Alain (2005): Die Politik der großen Zahl, Berlin/Heidelberg.

Dietrich, Gabriele (1984): Die unvollständige Aufgabe einer marxistischen Fassung der Frauenfrage, in: Projekt kritischer Feminismus: Geschlechterverhältnisse, Berlin, 24–41.

Dunaway, Wilma (2014): Gendered Commodity Chains. Seeing Women's Work and Households in Global Production, Stanford.

Ehrenreich, Barbara/Hochschild, Arlie Russell (HG) (2003): Global woman. Nannies, maids and sex workers in the new economy, London.
Eisenstein, Zillah (2009): What is a woman, anyway? And who needs to know?, http://www.ithaca.edu/zillah/docs/WhatIsAWomanAnyway.pdf.
Elson, Diane (1994): Micro, Meso. Macro: Gender and Economic Analysis in the Context of Policy Reform, in: Bakker, Isabella (HG), 33–45.
Elson, Diane (2000): Household Structures and Nutrition: Some Contradictions in Provisioning Norms, in: Himmelweit, Susan (HG): Inside the Household. From Labour to Care, Macmillan, 143–163.
Elson, Diane (2002). International Financial Architecture: A view from the kitchen, http://www.eclac.org/mujer/curso/elson1.pdf.
England, Paula (1993): The Separative Self: Androcentic Bias in Neoclasical Assumptions, in: Ferber, Marianne A./Nelson, Julie A. (HG): Beyond Economic Man. Feminist Theory and Economics, Chicago/London, 37–53.
England, Paula (2003): Separative and Soluble Selves: Dichotomous Thinking in Economics, in: Ferber, Marianne A./Nelson, Julie A. (HG), Beyond Economic Man. Feminist Theory and Economics, Chicago/London, 33–61.
Evers, Barbara (2003): Broadening the Foundations of Macro-economic Models through a Gender Approach: New Developments, in: Gutiérrez, Martha (HG), 3–22.
Exner, Andreas/Kratzwald, Brigitte (2012): Solidarische Ökonomie & Commons, Wien.
Federici, Silvia (2012): Aufstand aus der Küche. Reproduktionsarbeit im globalen Kapitalismus und die unvollendete feministische Revolution, Münster.
Ferber, Marianne/Nelson, Julie (HG): Feminist Economics Today. Beyond Economic Man, Chicago/London.
Feigl, Georg (2012): Austeritätspolitiken in Europa: Konsolidierungspakete im Vergleich, in: Kurswechsel, 1/2012, 36–47.
Fessler, Pirmin/ Hinsch, Stefan (2011): Wie funktioniert Wirtschaft? Eine kritische Einführung, Wien.
Folbre, Nancy (1995): Holding Hands at Midnight: The Paradox of Caring Labor, in: Feminist Economics Vol. 1(1), 73–92.
Folbre, Nancy (1997): Gender Coalitions: Extrafamily Influences on Intrafamily Inequality, in: Haddad, Lawrence/Hoddinott, John/Alderman, Harold (HG), 263–275.

Fortin, Nicole M. (2005): Gender role attitudes and the labour-market outcomes of women across OECD countries, in: Oxford Review of Economic Policy Vol. 21(3), 416–438.

Fox Keller, Evelyn (1989): Feminismus und Wissenschaft, in: Pauer-Studer, Herlinde/List, Elisabeth (HG), 281–301.

Fraser, Nancy (2009a): Feminism, Capitalism, and the Cunning of History, in: New Left Review 56, 97–117.

Fraser, Nancy (2009b): Scales of Justice: Reimagining Political Space in a Globalizing World, Cambridge.

Fraser, Nancy (2013): A Triple Movement? Parsing the politics of crisis after Polanyi, in: New Left Review 81, 199–132.

Gardiner, Jane (1975): Women's Domestic Labour, in: New Left Review 89, London, 47–58.

Gardiner, Jean (2001): Gender, Care and Economics, Macmillan.

Gather, Claudia/Geissler, Birgit/Rerrich, Maria (HG) (2002): Weltmarkt Privathaushalt, Münster.

Geisberger, Tamara/Glaser, Thomas (2017): Gender Pay Gap. Analysen zum Einfluss unterschiedlicher Faktoren auf den geschlechtsspezifischen Lohnunterschied, in: Statistische Nachrichten 6/2017, 460–471.

Gilman, Charlotte Perkins (1994, [1898]): Women and Economics. A Study of the Economic Relation Between Men and Women as a Factor in Social Evolution, New York.

Gilman, Charlotte Perkins (2000 [1910]): Eine unnatürliche Tochter, in: Boudry, Pauline/Kuster, Brigitta/Lorenz, Renate (HG) (2000): Reproduktionskonten fälschen!, Berlin, 98–107.

Grapard, Ulla (1995): Robinson Crusoe: The quintessential economic man? in: Feminist Economics Vol. 1(1), 33–52.

Groenewegen, Peter (2001): Clara Elizabeth Collet (1860–1948), in: Gronert, Anke (HG), 221–262.

Gronert, Anke (HG) (2001): Frauen in der Ökonomie. Die Anfänge in Großbritannien, Marburg.

Gubitzer, Luise/Mader, Katharina (2011): Care-Ökonomie. Ihre theoretische Verortung und Weiterentwicklung, in: Kurswechsel 4/2011, 7–22.

Guger, Alois/Agwi, Martina/Buxbaum, Adolf/Festl, Eva/Knittler, Käthe/Halsmayer, Verena/Pitlik, Hans/Sturn, Simon/Wüger, Michael (2009): Umverteilung durch den Staat in Österreich, Wien.

Gutiérrez, Martha (HG) (2003): Macro-Economics: Making Gender Matter, London/New York.

Habermann, Friederike (2010): Hegemonie, Identität und der homo oeconomicus. Oder: Warum feministische Ökonomie nicht ausreicht, in: Bauhardt, Christine/Çaglar, Gülay (HG), 151–173.

Hacker, Hanna (2005): Sex-Gender-Development. Eine Einführung in Diskurse zu Geschlecht und Entwicklung, in: Kolland, Franz/Gächter, August (HG): Einführung in die Entwicklungssoziologie, Wien, 191–215.

Haddad, Lawrence/Hoddinott, John/Alderman, Harold (1997): Introduction: The Scope of Intrahousehold Resource Allocation Issues, in: Haddad, Lawrence/Hoddinott, John/Alderman, Harold (HG): Intrahousehold Resource Allocation in Developing Countries, Baltimore/London, 1–19.

Haidinger, Bettina (2013): Hausfrau für zwei Länder sein. Zur Reproduktion des transnationalen Haushalts, Münster.

Hanmer, Lucia C./Akram-Lodhi, A. Haroon (1998): In „the house of the spirits": toward a Post-Keynesian theory of the household?, in: Journal of Post Keynesian Economics Vol. 20 (3), 415–433.

Harding, Sandra (1989): Geschlechtsidentität und Rationalitätskonzeptionen. Eine Problemübersicht, in: Pauer-Studer, Herlinde/List, Elisabeth (HG), 425–454.

Hartmann, Heidi (1983): Marxismus und Feminismus: Eine unglückliche Ehe, in: Sargent, Lylia (HG): Frauen und Revolution, Berlin, 29–79.

Haug, Frigga (1999): Vorlesungen zur Einführung in die Erinnerungsarbeit, Hamburg.

Haug, Frigga (2008): Die Vier-in-einem-Perspektive. Politik von Frauen für eine neue Linke, Hamburg.

Haug, Frigga (2009): Feministische Initiative zurückgewinnen – eine Diskussion mit Nancy Fraser, in: Das Argument 281/2009, 393–408.

Haug, Frigga (2013): Das Care-Syndrom. Ohne Geschichte hat die Frauenbewegung keine Perspektive, in: Widerspruch 62, 81–92.

Haug, Frigga/Hauser, Kornelia (1984): Geschlechterverhältnisse. Zur internationalen Diskussion um Marxismus-Feminismus, in: Projekt kritischer Feminismus: Geschlechterverhältnisse, Berlin, 9–21, 42–64.

Heinrich, Michael (2004): Kritik der politischen Ökonomie. Eine Einführung, Stuttgart.

Hermann, Christoph (2012): Die Finanzkrise und ihre Auswirkungen auf Sozialstaaten und Arbeitsbeziehungen – ein europäischer Rundblick, Wien.

Hermann, Christoph/Flecker, Jörg (HG) (2012): Privatization of Public Services, New York/London.

Himmelweit, Susan (2007): The prospects for caring: economic theory and policy analysis, in: Cambridge Journal of Economics Vol. 31(4), 581–598.

Hinn, Vilma (1994): Der Frauentag in der Schweiz, in: Beiträge zur feministischen Theorie und Praxis 36, 43–53.

Hochschild, Arlie Russel (2000): Bei der Arbeit zu Hause, in: Boudry, Pauline/Kuster, Brigitta/Lorenz, Renate (HG) (2000): Reproduktionskonten fälschen!, Berlin, 64–88.

Hochschild, Arlie Russel (2001): Globale Betreuungsketten und emotionaler Mehrwert, in: Hutton, Will/Giddens, Anthony (HG): Die Zukunft des globalen Kapitalismus, Frankfurt/Main, 157–176.

Hochschild, Arlie Russel (2010): The Back Stage of a Global Free Market: Nannies and Surrogates, in: Appitzsch, Ursula/Schmitbauer, Marianne (HG): Care and Migration, Opladen, 23–41.

Hoppe, Hella (2002): Feministische Ökonomik: Gender in Wirtschaftstheorien und ihren Methoden, Berlin.

Jacobsen, Joyce, P. (2003): Some implications of the feminist project in economics for empirical methodology, in: Barker, Drucilla/Kuiper, Edith (HG), 89–104.

Jacobson, Joyce P. (2007): The Economics of Gender, Malden/Oxford.

Jäger, Johannes/Springler, Elisabeth (2012): Ökonomie der internationalen Entwicklung, Wien.

Joachimiak, Walter (2013): Frauenverdienste – Männerverdienste: Wie groß ist der Abstand wirklich?, in: STATmagazine: Verdienste und Arbeitskosten 03/2003, Wiesbaden.

Keintzel, Brigitta/Korotin, Ilse Erika (2002): Wissenschafterinnen in und aus Österreich: Leben – Werk – Wirken, Wien.

Klatzer, Elisabeth/Schlager, Christa (2012): Genderdimensionen der neuen EU Economic Governance: maskuline Steuerungsmechanismen und feminisierte Kosten- und Risikoabwälzung, in: Kurswechsel 1/2012, 23–36.

Klatzer, Elisabeth/Schlager, Christa (2011): EU Macroeconomic Governance and Gender Orders, in: Young, Brigitte/Bakker, Isabella/Elson, Diane (HG): Questioning Financial Governance from a Feminist Perspective, London/New York, 51–74.

Knittler, Käthe (2005): Feministische Kritik an der Marxschen Werttheorie, Diplomarbeit, Wien. http://www.grundrisse.net/PDF/Knittler_Feministische_Kritik_an_der_Marxsche_Wertlehre_komplett.pdf.

Knittler, Käthe (2010): Prekarisierung, Frauen und working poor & prekäre Statistik, in: Weiss, Alexandra/Simetzberger, Verena (HG): Frauen

im 21. Jahrhundert: Situationen – Herausforderungen – Perspektiven. Gesellschafts- und sozialpolitische Aspekte, Innsbruck, 97–112.
Knittler, Käthe/Heuberger, Richard (2018): Erwerbsarbeit und Armut – ein neuer Indikator, in: Statistische Nachrichten 3/2018, 226–241.
Knobloch, Ulrike (2013): Geschlechterverhältnisse in Wirtschaftstheorie und Wirtschaftspolitik, in: Widerspruch 62, 60–65.
Kramer, Caroline/Mischau, Anina (2010): Sozialberichterstattung: Frauenberichte oder ein „gegenderter" Datenreport, in: Becker, Ruth/Kortendiek, Beate (HG): Handbuch für Geschlechterforschung, Wiesbaden, 384–391.
Krenn, Manfred/Papouschek, Ulrike (2006): „… ja, was willst du viel mitbestimmen?" Partizipationschancen im entgrenzten Arbeitsfeld mobiler Pflege, in: Österreichische Zeitschrift für Soziologie Vol. 31(2), 6–29.
Krugman, Paul (2012): Vergesst die Krise! Warum wir jetzt Geld ausgeben müssen, Frankfurt/New York.

Kuiper, Edith/Sap, Jolande (1995): Out of the Margin: Feminist Perspectives on Economics, London/New York.
Kurswechsel (2012/1): Sparen, Sparen, Sparen.
Kurswechsel (2012/2): Neoliberalismus: Endgame oder nächste Etappe.
Leichter, Käthe (1930): Handbuch der Frauenarbeit in Österreich, Wien.
Leichter, Käthe (1932): „So leben wir … 1320 Industriearbeiterinnen berichten über ihr Leben", Wien.
Lutz, Helma (2008): Migration and Domestic Work. A European Perspective on a Global Theme, Aldershot.
Lydtin, Sonja (2015): WU Gleichstellungsbericht 2014, Wien.
Madörin, Mascha (2010): Care Ökonomie – eine Herausforderung für die Wirtschaftswissenschaften, in: Bauhardt, Christine/Çaglar, Gülay (HG), 81–104.
Maier, Friederike (1993): Homo Oeconomicus. Zur geschlechtsspezifischen Konstruktion der Wirtschaftswissenschaften, in: Prokla 23(4), 551–573.
Maier, Friederike (2011): Macroeconomic regimes in OECD countries and the interrelation with gender orders, in: Young, Brigitte/Bakker, Isabella/ Elson, Diane (HG): Questioning Financial Governance from a Feminist Perspective, New York, 11–38.
Marx, Karl (1974): Das Kapital, 1. Bd. (MEW 23), Berlin (Ost).
Mezzadra, Sandro (2005): Taking Care: Migration and the Political Economy of Affective Labor, Goldsmiths University of London.

Michalitsch, Gabriele (2004): Was ist Neoliberalismus? Genese und Anatomie einer Ideologie, in: Graf, Daniela/Kaser, Karl (HG): Vision Europa. Vom Nationalstaat zum europäischen Gemeinwesen, Wien, 144–163.

Michalitsch, Gabriele (2008): Selbstregulierte Subjekte. Privatisierung und Geschlechter-Regierung, in: Bidwell-Steiner, Marlen/Wagner, Ursula (HG): Freiheit und Geschlecht: Offene Beziehungen, Prekäre Verhältnisse, Wien, 63–77.

Michalitsch, Gabriele/Schlager, Christa (2006a): Österreichs erste Ökonominnen. Geschichte einer Vertreibung, in: [sic!] Forum für feministische Gangarten 58, 26.

Michalitsch, Gabriele/Schlager, Christa (2006b): Feministische Ökonomik in Österreich. Eine Landvermessung verzögerten Widerspruchs, in: Kurswechsel (4/2006), 55–65.

Mies, Maria (1983a): Subsistenzproduktion, Hausfrauisierung, Kolonisierung, in: Beiträge zur feministischen Theorie und Praxis 9/10, 115–124.

Mies, Maria (1983b): Kapitalistische Entwicklung und Subsistenzproduktion: Landfrauen in Indien, in: Bennholdt-Thomsen, Veronika/Mies, Maria/Werlhof, Claudia v. (HG), 86–113.

Mies, Maria (1996): Patriarchat und Kapital, Frauen in der internationalen Arbeitsteilung, Zürich.

Mises, Ludwig (1978): Erinnerungen von Ludwig v. Mises, mit einem Vorwort von Margit v. Mises, Stuttgart.

Mohanty, Chandra Talpade (2003): „Under Western Eyes" Revisted: Feminist Solidarity through Anticapitalist Struggles, in: Signs Vol. 28(2), 299–535.

Nautz, Jürgen (1997): Zwischen Emanzipation und Integration. Die Frauen der Wiener Schule für Nationalökonomie, in: Fischer, Lisa/Brix, Emil (HG): Die Frauen der Wiener Moderne, Wien/München, 64–82.

Nelson, Julie A. (1993): The Study of Choice or the Study of Provisioning? Gender and the Definition of Economics, in: Ferber, Marianne A. /Nelson, Julie A. (Hg.): Beyond Economic Man. Feminist Theory and Economics, Chicago/London, 23–36.

Nelson, Julie A. (1996): Feminism, Objectivity and Economics. London/New York.

Nelson, Julie A. (2001): Economic Methodology and Feminist Critiques, in: Journal of Economic Methodology Vol. 8(1), 93-97.

Oberndorfer, Lukas (2011): Economic Governance rechtswidrig?, in: infobrief eu & international 3/2011, 7–11.

Parreñas, Rhacel Salazar (2001): Servants of globalization. Women, migration, and domestic work, Stanford.

Parreñas, Rhacel Salazar (2005): Children of global Migration, Stanford.

Pauer-Studer, Herlinde/List, Elisabeth (HG): Denkverhältnisse, Frankfurt.

Pircher, Wolfgang (2003): Von der Population zum Volk. Biopolitik und Volkszählung in Österreich, in: Stingelin, Matin (HG): Biopolitik und Rassismus, Frankfurt/Main, 80–112.

Polkinghorn, Bette (2001): Jane Marcet (1769–1858) und Harriet Martineau (1802–1876), in: Gronert, Anke (HG), 39–61.

Pölsler, Gerlinde (2008): Gendersensible Statistik. Fakten über Frauen und Männer ins Bild rücken – Veränderungen ins Rollen bringen, Graz.

Power, Marilyn/Mutari, Ellen/Figart, Deborah M. (2003): Beyond markets: wage setting and the methodology of feminist political economy, in: Barker, Drucilla/Kuiper, Edith (HG), 70–86.

Pujol, Michèle (2003): Into the margin!, in: Barker, Drucilla/Kuiper, Edith (HG), 21–37.

Pujol, Michèle (1997): Explorations – Introduction: Broadening Economic Data and Methods, in: Feminist Economics, Vol. 3(2), 119–120.

Pujol, Michèle (1998): Feminism and Anti-Feminism in Early Economic Thought, Cheltenham/Massachusetts.

Redmount, Ester (1995): Toward a Feminist Econometrics, in: Kuiper, Edith/Sape, Jolande (HG), 216–222.

Reitter, Karl (2012): Bedingungsloses Grundeinkommen, Wien.

Roseneil, Sasha (2004): Why we should Care about Friends: An Argument for Queering the Care Imaginary, in: Social Policy and Society Vol. 3(4), 409–419.

Sander, Günther (2008): Demokratisierung durch Bildpädagogik: Otto Neurath und Isotype, in: SWS-Rundschau Vol. 48(4), 463–484.

Schäfer, Dieter (2004): Unbezahlte Arbeit und Bruttoinlandsprodukt 1992 und 2001. Neuberechnung des Haushalts-Satellitensystems, in: Wirtschaft und Statistik 9/2004. https://www.destatis.de/DE/Publikationen/WirtschaftStatistik/VGR/UnbezahlteArbeitBip2001_92004.pdf?__blob=publicationFile.

Schmoly, Eva (2001): Harriet Taylor Mill, in: Gronert, Anke (HG), 61–94.

Screpanti, Ernesto/Zamagni, Stefano (2001): An Outline of the History of Economic Thought, Oxford.

Secombe, Wally (1974): The Housewife and her Labour under Capitalism, in: New Left Review 83, 3–24.

Seiz, Janete A.,/Pujol, Michèle A. (2000): Harriet Taylor Mill, in: The American Economic Review Vol. 90(2), 476–479.

Sen, Amartya (1990): Gender and Cooperative Conflicts, in: Tinker, Irene (HG): Persistent Inequalities. Women and World Development, New York/Oxford, 123–149.

Singer, Mona (2008): Feministische Wissenschaftskritik und Epistemologie: Voraussetzungen, Positionen, Perspektiven, in: Becker, Ruth/Kortendiek, Beate (HG): Handbuch Frauen- und Geschlechterforschung, Wiesbaden, 285–295.

Smith, Dorothy (1989): Eine Soziologie für Frauen, in: Pauer-Studer, Herlinde/List, Elisabeth (HG), 353–425.

Statistik Austria (2009): Zeitverwendung 2008/09. Ein Überblick über geschlechtsspezifische Unterschiede, Wien.

Statistisches Bundesamt (2003): Wo bleibt die Zeit? Die Zeitverwendung der Bevölkerung in Deutschland 2001/02, Wiesbaden.

Statistisches Bundesamt (2016): Entwicklung der unbezahlten Arbeit privater Haushalte. Bewertung und Vergleich mit gesamtwirtschaftlichen Größen, Wiesbaden.

Staveren, Irene van (2010a): Feminist Economics: Setting out the Parameters, in: Bauhardt, Christine/Çaglar, Gülay (HG), 18–48.

Staveren, Irene van (2010b): Post-Keynesianism meets feminist economics, in: Cambridge Journal of Economics Vol. 34, 1123–1144.

Staveren, Irene van (2003): Feminist fiction and feminist economics: Carlotte Perkins Gilman on efficency, in: Barker, Drucilla/Kuiper, Edith (HG), 56–69.

Steiner, Herbert (HG) (1973): Käthe Leichter. Leben und Werk, Wien.

Steiner, Viktor/Wrohlich, Katharina: Familiensplitting begünstigt einkommensstarke Familien – geringe Auswirkungen auf das Arbeitsangebot, in: Wochenbericht Nr. 31/2006, DIW, Berlin.

Stiglitz, Joseph (2011): Im freien Fall. Vom Versagen der Märkte zur Neuordnung der Weltwirtschaft, New York.

Stiglitz, Joseph (2013): The price of inequality, New York.

Stockhammer, Engelbert/Ramskogler, Paul (2009): Wie weiter? Zur Zukunft des Postkeynesianismus, in: Wirtschaft und Gesellschaft Vol. 35(3), 329–353.

Thorleifsdóttir, Thorhildur (1994): Der „Freie Tag“ der Frauen von Island 1975, in: Beiträge zur feministischen Theorie und Praxis 36, 35–43.

Veerle, Miranda (2011): Cooking, Caring and Volunteering: Unpaid Work Around the World, OECD Social, Employment and Migration Working Papers 116, http://www.oecd.org/berlin/47258230.pdf

Vogl, Lise (2003): Hausarbeitsdebatte, in: Haug, Frigga (HG): Historisch-Kritisches Wörterbuch des Feminismus, Hamburg, 539–554.

Weichselbaumer, Doris (2002): It's here if you're queer. Arbeitsmarktdiskriminierung aufgrund sexueller Orientierung, in: Kurswechsel 1/2002, 57–65.

Weichselbaumer, Doris/Winter-Ebner, Rudolf (2006): Rhetoric in Economic Research: The Case of Gender Wage Differentials, in: Industrial Relations, Vol. 45(3): 416–436.

Weiland, Daniela (1983): Handlexikon. Geschichte der Frauenemanzipation in Deutschland und Österreich, Düsseldorf.

Werlhof, Claudia v. (1978): Frauenarbeit: Der blinde Fleck in der Kritik der politischen Ökonomie, in: Beiträge 1, München, 18–33.

Werlhof, Claudia v. (1983): Der Proletarier ist tot. Es lebe die Hausfrau?, in: Bennholdt-Thomsen, Veronika/Mies, Maria/Werlhof, Claudia v. (HG), 113–136.

Williams, Fiona (2012): Converging variations in migrant care work in Europe, in: Journal of European Social Policy Vol. 22(4): 363–376.

Wunderle, Michaela (1977): Einleitung, in: Wunderle, Michaela (HG): Politik der Subjektivität: Texte der italienischen Frauenbewegung, Frankfurt/Main, 9–59.

Yeates, Nicola (2009): Globalizing Care Economies and Migrant Workers: Explorations in Global Care Chains, Macmillan.